红色记忆®

37

中原突围惊与险

海南省文化交流促进会　编

南海出版公司

2014 · 海口

图书在版编目（CIP）数据

红色记忆．第1辑．37 / 海南省文化交流促进会编．
-- 海口：南海出版公司，2014.8（2025.1重印）
ISBN 978-7-5442-7397-8

Ⅰ．①红… Ⅱ．①海… Ⅲ．①革命传统教育—中国—青少年读物 Ⅳ．① D642-49

中国版本图书馆CIP数据核字（2014）第194692号

HONGSE JIYI · DI 1 JI · 37

红色记忆·第1辑·37

作　　者　海南省文化交流促进会
总 策 划　刘　栋
顾　　问　贾延岩
执行总编　任在齐　张　桐　张爱国
责任编辑　聂　敏
封面设计　郑广明
排版印务　吴　雪
发行总监　杨成春
出版发行　南海出版公司　电话：（0898）66568508　66568511
社　　址　海南省海口市海秀中路51号星华大厦五楼　邮编：570206
电子信箱　nhpublishing@163.com
经　　销　新华书店
印　　刷　天津睿意佳彩印刷有限公司
开　　本　787毫米 ×1092毫米　1/16
印　　张　6.25
字　　数　100千字
版　　次　2014年8月第1版　2025年1月第2次印刷
书　　号　ISBN 978-7-5442-7397-8
定　　价　39.80元

序

对历史无知的人，没有真正的信仰可言；没有信仰的人，不可能拥有美好的理想，不可能胸怀崇高的情感，也就不可能担负起任何责任。用欲望文化代替历史教育，足以使一个国家的青年被腐蚀、使一个民族的希望被毁掉，使这个国家和民族被永世万代地奴役！

鉴于此，我们呼唤历史，唤回那段属于二十世纪的“红色”历史，唤回那段炮火硝烟、颠沛流离的历史，唤回那冲天的狼烟留下的悲壮回忆、岁月年轮沉淀的斑驳痕迹。历史不应该被忽略，更不应该被遗忘，牢记那段革命战争年代的红色历史更是责任。为了那些不应该被忘却的记忆，为了那些不应该被丢弃的信念，于是就有了这套《红色记忆》丛书。

曾记否，当草鞋与意志丈量出来的两万五千里穿越一个伟大民族五千年的荣辱兴衰，革命的火种被一路播撒、一路点燃。人迹罕至的雪山、荒无人烟的草地被鲜血浸透，衬映出一段光辉的里程；万水千山早已被远远地抛在身后，一轮红日在黄土高原磅礴而起。满目疮痍的河山在 1936 年 10 月温暖如春……

曾记否，当生命和鲜血浸染的十几年光阴将一种记忆铭刻进一个伟大民族的历史画卷，革命的火焰从星火到燎原。这栏杆拍遍、易水悲歌般的呼号，这折戟沉沙、慷慨赴义的悲壮，这铁马冰河、枕戈待旦的苦战，这红旗漫卷、所向披靡的豪迈……腔腔热血、铮铮铁骨早已被熔铸成一座不朽的丰碑，中华民族从苦难中百死后生的壮丽诗史凝结成了五星闪耀的红色记忆。

曾记否，中华人民共和国成立以来，又有无数英烈接过前辈用鲜血染红的旗帜，或壮怀激烈戍边卫国，或忠于职守鞠躬尽瘁，或绝甘分少奉献大爱，甘做国家强盛、人民富裕的铺路石，成为和平年代民族复兴的荣光，把人民心中的红色记忆浸染得分外鲜艳，永不褪色。

这红色记忆，是信念不衰、志向不改的崇高气节；这红色记忆，是无私无我、生属苍生的博大胸怀；这红色记忆，是敢为人先、披荆斩棘的拓荒精神；这红色记忆，是中华民族最宝贵的精神财富。它告诫我们，人事有代谢，传承无绝期。缅怀先烈精神，继承先烈遗志，是社会的道德和民族的良心，是后来者须臾不可忘怀的本分。

老一代人把历史的真实交付给我们，我们有责任用真实还原历史，传承给下一代，把那段岁月与现在年轻人的生活连接到一起，使他们眼中的历史变得立体、真实、可靠，让历史成为他们前进的动力。本丛书将那些流动的、随时会飘散在时间天际的事件凝固下来，希望透过这些文字、图片，感受到英雄们那坚定的革命信念，感受到那个年代澎湃的革命激情，真切体会那段“红色历史”。

忘记历史，就意味着背叛。让我们重温历史，缅怀先烈，从中汲取力量，毅然前行。

刘栋

目录

CONTENT

目录

CONTENT

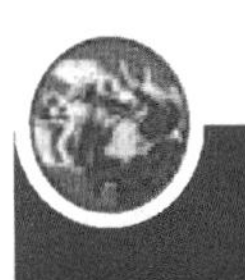

黄克诚：屡涉险境　大难不死

文／佚　名

黄克诚

黄克诚

开国大将黄克诚，1902年出生在湖南永兴偏僻山区的一个贫苦农民家庭。1925年，加入中国共产党。1926年，参加北伐战争。1928年，在湘南起义中参与领导永兴起义，并率部随朱德、陈毅上井冈山。

他曾在白色恐怖的地下斗争和战火硝烟的枪林弹雨中，叱咤风云，出生入死，义无反顾；也曾在革命阵营内部一再蒙冤，数次落难，几番死生。但他向来置个人安危于度外，安之若素，处之泰然，大节不夺，堪称一代楷模。他一生虽然身经百战，屡涉险境，却都奇迹般躲过危难。

湘南山区打游击，遭敌围追险逃生

1928年6月，担任中国工农红军第四军三十五团团长的黄克诚，改任湘南工农军第二路游击分队司令，奉命率部从井冈山重返湘南山区开展游击战争。由于副司令刘承高胁众哗变，部队被敌人打散，黄克诚死里逃生后，与中共永兴县委干部李卜成一同潜回家乡附近的山林中隐蔽，相机重整旗鼓，坚持斗争。

这时的湘南大地，正笼罩在一片白色恐怖之中，国民党顽固派和地主民团武装疯狂地捕杀共产党人，整个湘南地区已有上万人横遭杀戮。黄克诚作为湘南起义中永兴县暴动的领导人，早在国民党当局悬赏捕杀的黑名单之中。因此，黄克诚的活动只能在极其秘密的情况下进行。可是，时间一久，难免不露出一点风声。国民党不断调集部队和民团日夜搜捕，指名要抓从井冈山上下来的“暴徒”黄克诚。黄克诚见敌人搜捕愈来愈紧，在当地已无法开展工作，便与当地县委几位负责人共同商定，由他和李卜成二人先行外出寻找上级党组织。

由于长时间在山林里生活，久不见阳光，黄克诚和李卜成二人的脸色苍白。如果外出，定会引人注目。于是，他们二人便每天中午趁野外无人之际，偷偷地来到林外的山脚下晒太阳。

一天中午，黄克诚与李卜成在山林外一边晒太阳，一边等候弟弟送饭。弟弟把饭送来后，黄克诚对李卜成说：“这一阵风声很紧，我们还是回到山林里去吃饭稳当一些。”李卜成还想多晒一会儿太阳，便不以为意地说：“怕什么？难道吃顿饭的工夫，敌人就会来吗？”黄克诚历来做事谨慎，他并不跟李卜成争辩，端起饭碗就往山林中走去。李卜成没办法，只好跟着上山。就在他俩刚刚爬上一座高坡，尚未进入山林之时，山下的村子里突然传来一阵枪声，并夹杂着喝骂哭叫声。原来反动民团已将村子包围，

正在挨家挨户地搜查。黄克诚和李卜成见势不妙，急忙猛跑钻进山林。奔跑中，李卜成不慎摔了一跤。进入山林后，黄克诚同他开玩笑说：“你慌什么？难道吃顿饭的工夫，敌人就会来吗？”李卜成难为情地说：“幸好我们没有在山下吃饭，不然的话，这次可就逃不脱了。”

敌人这次围捕搜查，使黄克诚更加警觉起来。他和李卜成迅速做好外出的准备，离开家乡，辗转于长沙、南京、上海等地寻找党组织。

与敌激战冲锋在前，枪林弹雨死里逃生

1930 年 7 月，担任红三军团第二支队政委的黄克诚，率部在军团总指挥彭德怀的指挥下，参加了连克湖南重镇岳州（今岳阳市）、平江的战斗。国民党第四路军总指挥兼湖南省政府主席何键，集结约七个团的兵力，自长沙向平江对我红三军团“进剿”。红三军团则隐蔽于平江县城南二十华里处的晋坑山设伏待敌。

战斗打响后不久，敌我双方便形成混战胶着状态。至黄昏，黄克诚因部队被冲散而与大部队失去联络。正当他循枪声寻找部队之际，突然发现身后有一支队伍扑来。黄克诚眼睛本就是高度近视，时值盛夏，鏖战竟日，眼镜片上沾满了汗水和烟尘，因此他的视力更加模糊，无法辨清向他扑来的这支部队究竟是敌人还是自己人。双方越来越靠近，已不容他多作思考。他果断地迎着对方走去，以便弄清情况之后，再见机行事。当双方快靠近时，黄克诚才模模糊糊地看见对方的衣着很齐整，许多黑洞洞的枪口正瞄着他做射击姿势，他立刻意识到对方是敌人。他稍一迟疑，便向对方一摆手大声喝道：“别打枪！”说时迟那时快，话音未落，他就势卧倒，伏地一个转身，顺着山坡滚了下去。几乎就在他喊话和转身的同时，几支枪一齐朝他开火，只听子弹在他耳边身旁嗖嗖作响。此时，他虽身不由己，顺着陡峭的山坡向下滚，但神志还清楚，料定此番绝无生还之望。

待滚落到山脚下，他感到自己还有知觉，只是眼镜、帽子和身上背的皮包不见了。他用手慢慢地在全身上下摸了一遍，居然没有中弹。从山坡滚下来，亦无大伤，实属侥幸！此时天已黑下来了，加之眼镜失落，周围一片模糊，什么也看不清，但远处的枪声和呼喊冲杀声隐约可辨。他便循着声响激烈的方向摸索着走去。当他来到公路边上的树林中，只见黑压压的人群如潮水般地奔跑呼号。定睛仔细辨认，发现公路上的人们臂上佩戴着红袖标。他断定是自己人，便上了公路，随人群朝前跑去。他边跑边问清了情况。此时敌军已溃败，我军正乘胜追击。当黄克诚找到了自己的部队时，战友们不禁大吃一惊，以为他死而复生。原来，在山上与敌人遭遇时，警卫员远远看见黄克诚被敌人一阵排枪击倒，并滚落山下，以为他已牺牲，便跑回部队报告了“政委牺牲”的消息。当指战员们正高喊着“为政委报仇”的口号奋力冲杀之时，却突然发现黄克诚又安然回到部队，自然是又喜又惊。一时间，黄克诚“死而复生”的奇闻，在部队中流传开来。

深入前沿观敌情，眼镜险招杀身祸

黄克诚的眼睛高度近视，时时离不开眼镜。他可以饿着肚子、赤着脚行军打仗，但是，没有眼镜却不行。因此，只要攻克一座城镇，黄克诚总是要到眼镜店配上两副眼镜，以便眼镜一旦被打坏，可随手掏出另一副戴上。眼镜对于黄克诚来说，可算是一件随身不可离开的宝物。然而，眼镜有时也会给他带来麻烦，甚至招来杀身之祸。

1931年，中央苏区开始了第二次反“围剿”作战。当时，蒋介石调集了二十万兵力，西起赣江，东至福建建宁，采取“稳扎稳打、步步为营”的战术，向我中央革命根据地中心区域推进，企图将我红一方面军压缩包围后，聚而歼之。时任红三军团第三师政委的黄克诚，与师长彭遨率部参加了此次反“围剿”作战。

5月底，红军攻打建宁，黄克诚的第三师担任主攻。为了快速突破敌人的城防工事，消灭守敌，黄克诚和师长彭遨一边给各部队下达了作战命令，一边将师指挥所推进到建宁城下。黄克诚戴着一副眼镜，脖子上挂着一架望远镜，在同彭遨察看地形，选择攻击突破点时，由于指挥所距离守敌太近，当即被守敌发现，城上的两挺机枪调转枪口，对着黄克诚和彭遨扫射。黄克诚因视力差，对守敌的这一动作未能察觉。亏得彭遨眼疾手快，他见机枪扫来，猛地拉住黄克诚后退了好几步卧倒。黄克诚还未定过神来，敌人的机枪子弹已扫在了他同彭遨原来站立的位置，子弹击起的沙土溅了他俩一身。二人连话都顾不上讲，未等敌人第二排子弹扫过来，又一个鱼跃，翻身滚向附近一处掩体后面。这时，彭遨才指着黄克诚的眼镜说道：“敌人这一梭子弹，就是冲着你这副眼镜来的。人家知道戴眼镜的必定是个大官，想拣个大便宜。可惜的是，敌人的射击技术太差，否则，把我也捎带上报销了。”说完，他哈哈大笑起来，黄克诚也笑了起来。

1933年中央苏区第五次反“围剿”开始不久，黄克诚调任红三军团第四师政委。第四师师长张锡龙，是一位英勇善战的年轻军事指挥员，是红三军团中出名的猛将。是年12月，“围剿”中央苏区之敌占领黎川之后，又出动一个师的兵力向黎川以南的团村进犯，当即被我红三军团击溃。黄克诚和张锡龙率第四师衔敌猛追，将该敌逼进一座土寨内，旋即发起攻击。攻击之前，黄克诚和张锡龙相偕来到阵地前沿举着望远镜选择攻击突破点。不料，敌人在他们侧面不远处设置了机枪阵地，他们只顾瞭望土寨之敌，并未察觉侧面有敌情。他们二人站在高处，过于暴露，侧面机枪阵地上的敌人将他们看得一清二楚。尤其是黄克诚的那副眼镜，再次成了敌人射击的目标。只听敌人的机枪一阵猛扫，一颗子弹正中张锡龙的头部。子弹穿出之后，又击中黄克诚的眼镜架，立即将眼镜打飞。黄克诚虽然没有伤着，但眼镜已掉，他就什么也看不清楚了。他赶忙卧倒在地，伸手去摸索眼镜。这时，只听张锡龙在一旁发出呼噜呼噜的声响。黄克诚连连叫了几声“锡龙！锡龙！”却不见回答。黄克诚知道情况不妙，忙从兜里掏出一副备用的眼镜戴上，定眼一看，张锡龙平躺在地上一动不动，头部血流如注。黄克诚上前一把将他抱住，又连叫了几声，依然没有回应。这位早年曾就读于重庆中法大学，后又入苏联红军大学深造的年仅二十七岁的红军师长，已经永远不能回应黄克诚的呼声了。

赣州攻城陷敌困，镇定指挥突重围

1932年1月，中共临时中央下发

《关于争取革命在一省与数省首先胜利的决议》，提出集中红军主力夺取中心城市的军事冒险主义方针，并指示中央红军（红一方面军）“首取赣州”，继而夺取吉安和南昌。

赣州城坚且固，三面环水，易守难攻。敌人在城内设置重兵据守，又增派精锐之师驰援，使攻打赣州的红军后来陷入强敌内外夹击的险境。发起赣州战役之前，黄克诚就向上级提出取消此次战役计划的建议，但未被采纳。战役打响之后，红军实施两次强攻均未奏效，造成很大牺牲，黄克诚遂再次向上级提出撤围建议，仍未获准。

一天午夜过后，黄克诚正在师指挥部为战局忧心忡忡而难以入睡，突然听到枪声大作。他料定是敌人援兵已到，并采取突击手段，对我军实施内外夹攻了。走出师指挥部，天黑得伸手不见五指，只听四处枪炮声响成一片，却看不见一个敌人。他急忙下令将师指挥部转移到一百多米远处的隐蔽地段，并立即让通信员排架线接通与上级的联系。他抓起电话，向上级建议指挥各部队及早撤退突围。他对着话筒大声疾呼：“不能再犹豫了，若耽搁下去，想撤走也不可能了！”但由于当时“左”倾教条主义在中共中央占据统治地位，在军事上实行冒险主义，又不容前线指挥员相机机动指挥，黄克诚的建议再次被否决了。

为了尽量减轻部队的伤亡，黄克诚摸黑走出师指挥部，身边只带了一个通信班。他循着密集的枪声走去，路上见到一些部队已被敌人打散，失去了建制指挥。黄克诚以高度的革命责任感，果断地指挥一些零散部队乘夜突围。有的兄弟部队因未接到总部的突围命令，不敢贸然突围。黄克诚连说带劝，表示一切后果由他负责。这样，才使得一些部队及时突出重围，保存了有生力量。

抗日战争初期，黄克诚（左一）同邓小平（左二）、傅钟（左四）等在一起

为了收拢更多被打散的部队突围，黄克诚继续四处搜寻。不料，当他走到河边时，敌人的机枪从不同方向向他猛扫过来，并清楚地听到敌人的一片吆喝声。此时，他才意识到自己已陷入重围。他想，决不能当俘虏，必须设法突出去。借着枪炮的火光，他见附近有一家店铺，便带领通信班的几名战士，撞开店门，从后窗跳了出去，一气猛跑，总算把敌人甩开了。但是，由于黑夜里辨不清方向，奔跑中又误入南门外的敌人飞机场。机场守军大声喝问："哪一部分的？"黄克诚时任红三军团第一师政委，他未多作思索，便随口答道："是一师的。"当时敌人增援赣州的部队中有罗卓英的第十一师，机场守军听到黄克诚的答话，误以为是自己十一师的人，便没有细问。黄克诚趁敌人尚未察觉，带领通信班迅即离开南关，跑到城南的一座山上。并就地收拢部队，组织抗击，打退了敌人的第一次攻击。待敌人再次组织攻击时，恰好我红五军团援兵赶到，将进攻之敌压了下去。

此役红军遭到重大伤亡。黄克诚在未得到上级授命的紧急情况下，采取应急措施，指挥部队突围，后又收拢部队组织抗击。这虽系抗命之举，但后来上级认为他当时那样处置亦属恰当，故未加追究。

界首鏖战处险境，临危机断度险关

1934年10月，中央红军被迫离开江西瑞金开始长征。当时，黄克诚任红三军团第四师政治委员。在突破敌人第四道封锁线后，全师坚守在湘江岸边之界首渡口，与兄弟部队共同控制渡口，阻击湘、桂之敌，以掩护后续部队和中央纵队渡江。湘、桂之敌在飞机和大炮的支援下向湘江渡口发起猛烈夹击，战况空前激烈，红军损失惨重，红三军团先后有两名师参谋长和两名团长牺牲。鏖战两昼夜之后，至12月1日，主力红军和中央纵队终于渡过湘江。

这时，湘、桂之敌越聚越多，攻势愈加猛烈，蒋介石的嫡系部队也跟踪而至，而据守在界首渡口的红三军团第四师，仍未接到撤离的命令。黄克诚意识到情况极端险恶，红四师有被敌人夹击而导致全军覆没的危险。他对师长说，中央纵队已经渡江，我师阻击掩护任务已经完成，应当立即指挥部队撤离。师长认为没有接到上级命令之前，不能擅自撤离。黄克诚说，当前情况既危急又特殊，我们应当机断处置，不能坐以待毙。师长仍坚持不肯撤离。黄克诚感到在这种极端危急时刻，不能再有迟疑，否则，后果将不堪设想。他果断地行使政治委员的最后决定权，态度严厉地对师长说："你立即指挥部队撤离，一切由我负全部责任。"这样，师长才指挥部队且战且走，渡过湘江西去，最后赶上了主力红军，避免了被围困歼灭的严重后果。

湘江战役是红军长征途中损失最为惨重的一次战役，也是红四师战斗经历中打得最为艰苦的一次恶仗。如果不是黄克诚当机立断，红四师将招致难以想象的后果。

（本文选自中国共产党新闻网，有删节）

抗日名将吕正操
——有六七分胜算就敢打

文/佚　名

吕正操

1937年，吕正操在兵家大忌之地创建了华北平原第一个抗日根据地，任冀中军区司令员。他是地雷战、地道战、平原游击队、敌后武工队、回民支队的指挥者和领导者，并发动了十多万人参加百团大战，被毛泽东誉为“坚持平原游击战的模范”。

1931年9月18日22时20分，九一八事变爆发。

此后四个月，我国东三省大部分地区沦陷，成为日本帝国主义摆脱本国危机进而侵略全中国乃至东南亚的战略要地。

东北军中的吕正操，这位生于1904年的年轻军官自小便痛恨凶残暴戾的日本侵略者。他十七岁加入奉军，不久被张学良送到军校学习，毕业后留在张学良身边当副官。1929年春末，张学良让他返回战斗部队。国破家亡，吕正操在心里立誓：“不打跑日军，我决不再跳舞！”

回师创建冀中抗日根据地

1937年7月7日，卢沟桥事变，

华北战场一片颓势，吕正操任团长的六九一团随国民党五十三军南撤。此时，已加入中国共产党的吕正操接到共产党北方局指示：留在敌后，找地方党开展抗日游击战。

在一次与日军的恶战中，吕正操团与军部失去联系。他立即召集团里的党员和士兵代表开会，他对大家说：“时局变化不到半个月，日本人就占领了华北大片土地，但中央军一味撤退。这种时候和日本人打，死了是烈士，活着是英雄！既然我们与军部失去联系，我看只有回师北上，到敌后打游击！”他的意见得到了拥护，于是六九一团改称人民自卫军，吕正操被推选为司令。

此后吕正操率人民自卫军走深泽，过安国，入博野，往蠡县，打高阳，一鼓作气北进，名震全冀中，不久，人民自卫军被纳入晋察冀军区领导。吕正操被任命为冀中军区司令员、第三纵队司令员、冀中公署主任。

吕正操与妻子刘沙

军机密电与百团大战

1939年末，日本侵略军为了保证其战略交通线的畅通无阻，加紧对正太路的控制，意图把山东、河北、山西三地连在一起。正太路是华北敌军运输、补给的重要战略交通线，也是对我根据地进行破坏的重要封锁线。此时八路军总司令朱德收到冀中军区司令员吕正操在前线发来的军机密电，报告了敌人的动向。接着，八路军总部发布了《关于大举破袭正太路战役的预备命令》。

1940年8月20日晚，正太路第一战役打响。八路军第一二九师、晋察冀军区、第一〇二师等一百零五个团，以正太铁路为重点的大规模交通破袭战发起全线进攻。彭德怀把此仗命名为“百团大战”。晋察冀军区司令员聂荣臻对此战有段精彩的记录：“我清楚地记得那一时刻的情景，真是壮观得很啊！一颗颗攻击的红色信号弹腾空而起，划破了夜空，各路突击部队简直像猛虎下山，扑向敌人的车站和据点，雷鸣般的爆炸声，一处接着一处，响彻正太路全线……整个正太路沿线和同蒲路部分地段，都淹没在八路军和人民群众大破袭的火网之中。”此外，冀中区十多万群众配合部队进行破路和反击。据吕正操回忆：“从8月20日至9月20日，冀中区平毁公路、铁路五百多公里，炸毁铁桥、木桥二十座，收电线一万三千多公斤，毙伤日伪军一千三百多名。我军伤亡四百多名。”实现了阻击敌人增援的首要目的。

接着，第二、第三战役打响了。吕正操将冀中主力部队指向被敌人侵占的广大区域，冀中各地的民兵和百姓还冒

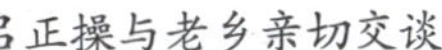
吕正操与老乡亲切交谈

着敌机低空扫射的危险，大规模地破坏铁路、公路及其他附属建筑物，“不留一条铁轨，不留一根枕木，不留一座桥梁”，从根本上破坏敌人的交通线。

在整整三个半月的百团大战中，我军进行了大小战斗一千八百多次，毙伤日军两万多人、伪军五千多人；俘虏日军二百八十多人、伪军一万八千多人；破坏铁路四百五十多公里、公路一千五百公里；破坏桥梁、车站二百五十八处，还缴获了大批武器和军用物资。

日军在当时的作战记录中写道：百团大战是自开战以来共军采取的与过去游击战完全不同的战术，日方从未想到中共势力竟能扩大到如此程度。

有六七分胜算就敢打

战争是瞬息万变、你死我活的竞斗，两军对垒如若没有十分把握，也得有八九分胜算才能一搏，否则后果不堪设想。不过智勇双全的将领，在敌强我弱的情况下也能险中取胜。被中央军委誉为“平原游击战坚持村落防御战的范例”的掌史之战，是吕正操直接指挥的。

那天上午部队正开饭，掌史村外突然响起了密集的枪声。吕正操立即下令：“部队马上进入工事。一，敌人进攻时只许用步枪和手榴弹还击；二，非紧急情况不准使用轻机枪；三，没有上级命令不许出击；四，绝不许用重机枪和迫击炮，不能让敌人摸清我们的实力，更不能暴露我们是冀中的主力和领导机关。要‘装孙’示弱，同敌人打一场‘蘑菇战’‘顶牛战’。”

不久，蓄意报复的四百多个日本兵

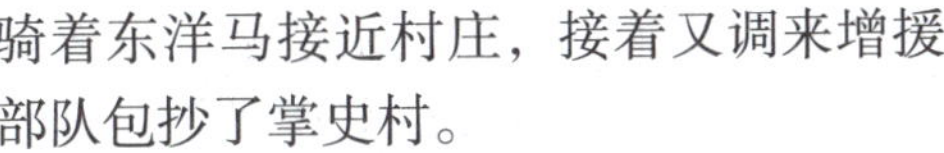

骑着东洋马接近村庄，接着又调来增援部队包抄了掌史村。

几个压不住火的营长、连长接连跑到指挥部请求用重武器还击，吕正操说：“不能妄动！一定要坚持到傍晚！绝不允许拿战士的生命去冒险。”

晚上7时左右，原野逐渐被黑暗所笼罩，此时吕正操下令出击，战士们一个个如下山猛虎般操起轻、重机枪和迫击炮向敌人猛烈开火。晚9时战斗结束，我军以一个团的兵力保卫了领导机关的安全，此仗敌人伤亡三百多人。

吕正操在冀中平原站稳了脚，建立了受老百姓拥护的抗日民主政权，老百姓和军队水乳交融，军民抗日士气大振。

与冈村宁次打“脚丫子闪电战”

熟悉军事地理的人都知道，六万平方公里的冀中平原缺少天然屏障，历来被兵家视为死地，尤其是面对拥有汽车、装甲车、骑兵的敌人快速部队，平原的地形更是有利于敌而不利于我。但是冀中地区战略位置特殊，谁能保有这块土地，谁就握住了胜利之神的手。

开始敌人并没有把吕正操这位青年将领放在眼里，直至共产党在冀中平原的第一个抗日根据地创立后，敌人才恐慌起来。冀中的抗日部队和人民武装不仅直接威胁着他们盘踞着的大城市，而且严重破坏了他们“以战养战”的阴谋。于是日军任命冈村宁次为华北方面军司令官，对我根据地采取了割裂、封锁政策，并利用各种手段制造无人区，妄图切断军民联系。

吕正操指挥冀中军民以多种战术与冈村宁次周旋较量：有时对敌人猛然袭击，使之束手无策；有时避敌锐气，蓄盈待竭，使之入我彀中。并在游击战、运动战的原则下，衍生出地雷战、地道战、开门战、麻雀战、交通战等，打得出神入化。美国驻华使馆武官、美联社记者韩森说：“明天，中国军队很可能以此为根据地，进而收复北平和天津，收复华北的失地，收复东北富饶的田野和森林。”

1942年5月1日，冈村宁次下了最大的赌注，集结九万日军和伪军，配合飞机、坦克、大炮对冀中进行“十面出击”“铁壁合围”式的“五一大扫荡”，妄图用两个月时间摧毁冀中抗日根据地。这期间，敌人在冀中八千多个村庄建军事据点一千七百五十三座，挖封锁沟四千一百八十七公里，把冀中区分割成二千六百七十多个小块。此时吕正操和政委程子华将部队巧妙地化整为零，组建成灵活机动的武工队与敌人周旋。在“大扫荡”的两个月中，大战二百七十余次。在与冈村宁次斗智斗勇中，吕正操从容对敌，胜利跳出敌人的包围圈，以“脚丫子闪电战”使冈村宁次的“铁壁合围”破产，创造了中外战争史上的奇迹。

抗日战争是中国从弱国地位站立起来的重大转折。1945年9月9日，中国战区日军投降签字仪式在南京举行，号称日本军界铁腕人物的冈村宁次低头签字并盖上战败国印鉴。后来，吕正操挺进东北，作为非主力部队参加了辽沈战役和东北解放的工作。凭着赫赫战功，1955年他被授予上将军衔。人们尊称他为“抗日名将”，对此年逾百岁的吕正操说：“我不过是战争的幸存者，老百姓才是真正的英雄。如果没有冀中人民的英勇战斗和流血牺牲，我们这些人能不能剩下来就很难说了。如今我们胜利了，决不能忘记曾经付出无比重大代价的人民！”

（本文选自环球网）

"一代名将"李天佑

文／叶介甫

李天佑

李天佑，1914年1月8日出生于广西临桂一个贫农家庭。1929年，加入中国共产党，同年参加百色起义。曾任团长、师长、纵队司令员、军长、兵团第一副司令员，广西军区司令员，广州军区第一副司令员、代司令员，人民解放军副总参谋长等职。参加了中央苏区反"围剿"和长征，率部参加了湘江阻击战、直罗镇、东征、西征、平型关、东北夏季秋季冬季攻势作战、辽沈、平津等战斗战役。他在长期革命战争中，英勇果敢，指挥灵活，善打硬仗，曾七次负伤。1955年被授予上将军衔。

四次身负重伤

1928年初，广西国民党军李明瑞第七师独立团在桂林扩军。年仅十四岁的李天佑跟着一个同乡一块儿去报名参军。不久，他被送往汉口，接受新兵训练。后被送往刚成立的广西南宁教导总队学习军事。

1929年10月17日，张云逸等率领警备第四大队和教导总队从南宁向百色疾进，参加在右江举行的百色武装起义。经中共中央批准，起义部队的番号为红七军，张云逸为军长，李明瑞为总指挥，邓小平任军政治委员兼前敌委员会书记。百色起义在广州起义两周年纪念日，即1929年12月11日举行，那天李天佑和战友们换上崭新的灰色军装，迎着朝阳，迈着整齐的步伐，走进彩旗飘扬的百色广场，参加宣布起义、成立红七军的盛会。

1930年2月，红七军主力东进南宁途中，与广西国民党军四个团在隆安境内遭遇战后，又在恩隆亭泗与追赶而来的国民党军再战，终因寡不敌众退入东兰。在掩护主力撤出战斗时，李天佑的脚被子弹击穿，被送往医院治伤。

4月底，伤还未痊愈的李天佑被任命为军部特务连连长，随即率该连参加了攻打格江县城的战斗。格江县城，依山傍水。由于城高，工事坚固，国民党军火力猛烈，红军连续攻击均未奏效。

在紧要时刻，总指挥李明瑞亲临阵地指挥，并把突破城防的任务交给李天佑。李天佑立即挑选了十二名精悍的战士组成突击队，并亲任队长。在密集火力的掩护下，突击队肩扛竹梯，身带竹钉，跃出战壕，冲过国民党军的火力网。李天佑率先攀梯跃上城头，但腿部中弹，血流如注。他强忍伤痛，奋力向国民党军甩出几颗手榴弹，炸毁了国民党军的机枪。接着，他和跃上城头的突击队战士一起，同国民党军展开肉搏，终于打开了突破口，保证了红七军主力攻入城内，部队大获全胜。

5月初，李天佑带着伤痛，跟随红七军主力回师右江。6月初，红七军袭击百色。驻守百色的国民党军在城北险峻的长蛇岭制高点上，筑起了一个三层大碉堡，以一个营的兵力，居高临下，控制着进入百色城内的通道，攻城部队几次攻击未果，李明瑞在授意营长冯达飞用炮火摧毁国民党军碉堡的同时，对身边的李天佑说："你带特务连埋伏在敌人碉堡的死角，待炮声一停，就迅速冲上去！"只听三声炮响，国民党军碉堡被炸掉半边。李天佑随即率领特务连猛冲过去。不料，李天佑被暗藏的国民党兵击中脚，他眼疾手快，将国民党兵击毙，并指挥全连占领了碉堡。在扫除障碍后，红军分多路突入城内，扫荡国民党军残余部队。此战，红军将国民党军一个团击溃，缴枪三百多支。战后，李天佑再次被送进野战医院治伤。

李天佑（左）和钟赤兵摄于莫斯科

1932年2月中旬，红七军奉命攻打赣州。在攻打东门的战斗中，由于国民党军火力封锁严密，红七军两次突击均受挫。李天佑奉命组成有七十多名战士参加的敢死队突击攻城，他率领敢死队员，冒着枪林弹雨和纷纷落下的砂石，带头向城墙崩塌的缺口冲去。他们刚冲上城墙，就遭到国民党军疯狂反扑，大部分敢死队队员壮烈牺牲，李天佑右手和背部连中三弹，跌倒在城楼下战友的尸体上。特务连通信员在尸堆里找到他，哭喊道："连长！连长……"听不到他的一点反应。通信员将他背出阵地，李天佑突然苏醒过来，被送往后方医院治疗。这是他第四次负重伤。

两次入闽作战

1933年6月上旬，红七军所属两个团缩编为第五师第十三团，李天佑任团长。7月上旬，红三军团和第十九师组成东方军，由彭德怀、滕代远分别兼任司令员和政治委员，入闽对国民党军第十九路军作战。李天佑率团参加入闽作战。

1954 年，李天佑与夫人杜启远

第一仗，是围攻宁化县的泉上。泉上东面的归化城驻有国民党军一个营。李天佑奉师长寻淮洲之命，率领第十三团以迅雷不及掩耳之势攻占归化城，全歼守城国民党军，为主攻部队攻克泉上扫清了障碍。7 月 30 日，李天佑奉命率团在朋口东面截击连城出援的国民党军。7 月 31 日，李天佑指挥部队刚过朋口河就发现了国民党军援军，他命令前卫连迅即抢占对岸的贵仞山山头，并令第一营营长带部队抄小路迂回到山后打击国民党军。在第四师十团配合夹击下，国民党军第四六六团大部被歼。与此同时，兄弟部队解放了朋口，残余的国民党军一部向连城方向逃去。李天佑闻讯率团追歼逃窜之国民党军。经一昼夜九十公里的追击战斗，与兄弟部队一起歼灭国民党军约一个团，缴获大批枪支弹药和其他军用品。

李天佑率第十三团在入闽作战中，始终担任主攻的突击任务并担负独立作战行动，完成任务出色。9 月 3 日，东方军命令第四师和第五师十三团沿闽江北岸直奔水口方向，截击国民党第十九路军补充师。李天佑率团对国民党军发起攻击，第十团渡江配合，夹击国民党军，当即歼其一个营并缴获军用物资一批。

9 月 17 日，国民党军补充师约五个团沿闽江而上，增援南平守军；驻沙县第十九路军六十一师三六六团已进至青州、马铺附近，企图以部分兵力占领西芹，掩护主力增援南平。东方军首长决定先歼灭第三六六团。李天佑奉命率团截击来犯之国民党军。他和政治委员毛贲虎在伸手不见五指的黑夜里，指挥部队迎着国民党军前进。天未亮，在芹山同国民党军遭遇。经激烈战斗，国民党军大部举手投降，少数溃逃。李天佑指挥部队乘胜追杀数十里，终将号称“铁军”的第三六六团全部消灭，缴获大批枪支弹药和军用品，创造了红军一个团在运动中歼灭国民党军一个主力团的辉煌战绩。战斗结束后，彭德怀高兴地拍着李天佑的肩膀说：“别看你年纪轻轻的，指挥打仗可真有本事！”第十三团受到东方军嘉奖，并被授予“英雄模范团”光荣称号。

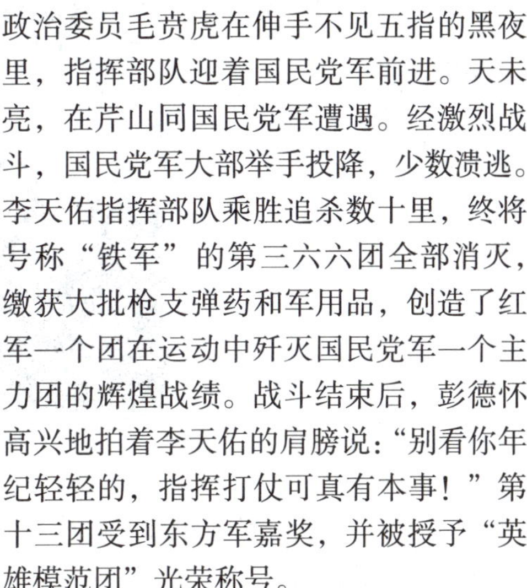

1934 年 1 月，李天佑升任红三军团第五师师长。在军团长彭德怀、政治委员杨尚昆领导指挥下，李天佑于 1 月中旬率第五师参加第二次入闽作战。进攻沙县的战斗中，由于县城墙高且厚和国民党军的强大火力压制，攻击一度受挫。后经调整部署，改强攻为坑道爆破，红三军团攻占了沙县城。这一仗第五师协同第四、第六师，全歼国民党军两个团，并乘胜推进，攻占尤溪县城，缴获国民党军一个兵工厂和大批武器弹药。

（本文选自中国共产党新闻网，有删节）

杨勇将军——智勇双全　百战百胜

文／夏明星　吴宏伦

杨　勇

在中国人民解放军的如云战将中，杨勇将军是威名赫赫的“三杨”（杨勇、杨得志、杨成武）之一。在长征路上，在平型关大捷，在解放大西南的隆隆炮声里，在硝烟弥漫的朝鲜战场上，杨勇将军智勇双全，百战百胜，勇冠三军，深得毛泽东主席的喜爱。毛主席多次表扬他，称其“耿直、刚毅”。

将军身上的五处伤痕

杨勇一生百战沙场，最能体现他英雄本色“勇”字精神的是他身上的五处伤痕。

1913年9月29日，杨勇出生于湖南浏阳小镇文家市一个贫苦农民家庭。父亲为他取名为杨世峻。参加革命后，他觉得“杨世峻”三个字太文雅，不能显示男子汉的英武之气，便改名为杨勇。

在长期的革命战争中，他历任红四师一团一连副政委，红二师二团三连政委，红二师独立营营长、政委，红四师十团政委，红一师政委，红四师政委，八路军一一五师三四三旅六八六团团长兼政委，一一五师独立旅旅长等职。在惨烈的革命斗争中，杨勇先后五次负伤。

第一次，1933年10月，红三军团十师十四团在中央苏区的洵口与敌相遇，双方都措手不及，“狭路相逢勇者胜”，时任团政治处主任的杨勇，冒着弹雨，带头冲入敌阵，一场短兵相接的厮杀开始了。突然，一发子弹从他的头顶中央飞过，穿破了头皮，鲜血直流，他全然不顾，继续冲杀，直到敌人溃退。战后，杨勇受到军团长彭德怀的称赞，胸前挂上了一枚三等红星奖章。同时，他的头顶也留下了一块永久的纪念——两厘米长、不再生发的弹痕。

第二次，1934年10月，蒋介石命令国民党湖南省政府主席何键统领四十万大军利用湘江屏障，构成第四道封锁线，阻击红军长征。在这次极为艰苦的湘江战役中，时任红四师十团政委的杨勇率部与兄弟部队一道，执行掩护中央纵队过江的重任。战斗中，团长沈述清中弹身亡，师参谋长杜中美代理团长又壮烈牺牲，杨勇支撑大局，率部血战两昼夜，其右大腿被弹片击中，十团四百多名官兵血染湘江，中央纵队顺利过江。从此，杨勇的腿部也留下了一块“湘江战役纪念章”。

第三次，1935年1月，在赤水河畔的土城战役中，十团政委杨勇又一次带队冲锋，子弹从他的右腮入、唇部出，一进一出，杨勇失去了六颗牙。当时，血如泉涌，用嘴指挥不了战斗，他就用笔下达命令，脸上是血，手上是血，笔上是血，纸上也是血……最后昏倒在血泊中。杨勇脸上留下的弹窝，三十多年后才在北京医院由院长吴蔚然做手术填平。这次负伤是最重的一次。

第四次，1937年9月，八路军一一五师首次与日军精锐板垣征四郎师团二十一旅团在平型关交锋，时任一一五师三四三旅（旅长陈光）六八六团（团长李天佑）政委兼副团长的杨勇又一次挂彩。

按照作战命令，陈光的三四三旅是主要伏击力量；杨得志、邓华的六八五团，堵住前面的日军，并封锁其南窜道路；李天佑、杨勇的六八六团正面向敌人冲杀。徐海东指挥三四四旅六八七团在蔡家峪西南，包围分割日军的后卫部队，切断其退路。

清晨7时许，日军已全部进入伏击圈，林彪与聂荣臻决定发出攻击号令，将敌人切成几段后消灭。伏击一开始，六八六团指战员同仇敌忾，不怕流血牺牲，人人憋了一股劲，要与日军拼个高低。战斗中，李天佑、杨勇发现日军占领了老爷岭制高点，对我军进攻形成威胁，遂率部冒死“深入到战斗最激烈的老爷岭去直接指挥”。为粉碎日军的反扑，杨勇带领三营与日军展开白刃战，不料被日军偷袭，将刺刀扎进他的左肩，血染军装，但却坚持指挥直到战斗胜利。平型关一战，一一五师共伤亡五百多人，六八六团尤为惨烈，九连甚至只剩下十

1936年春，杨得志（前排左二）、萧华（左三）、胡炳云（后排左一）、杨勇（左二）、熊伯涛（左四）、陈赓（左五）在陕北

几个人。平型关一战，歼灭日军一千多人，震惊国内外，杨勇的名字也和林彪、聂荣臻、陈光等一起响彻华夏。

第五次，1938年9月14日，在汾（阳）离（石）公路薛公岭附近，已经升任六八六团团长兼政委的杨勇，指挥部队伏击由汾阳开往离石的一支日军汽车运输队，不到一个小时，就全歼日军两百多人，炸毁满载军用物资的汽车二十余辆。9月20日，在汾离公路王家池附近的山谷，他又指挥部队伏击向汾阳撤退的日军，经过激烈战斗，歼灭日军步骑兵八百余人，击毙日军旅团长山口少将。吕梁大捷，震惊华北日军。此后，汾阳城门紧闭，敌人接连几天都在焚烧尸体，而杨勇却在吕梁山区召开庆祝大会。在这次战斗中，杨勇再负轻伤。其后，杨勇随罗荣桓、陈光挺进鲁西，屡战屡捷，威震敌胆。

千里跃进大别山的开路先锋

1944年4月，经过三年延安军事学院学习，文武双全的杨勇再赴冀鲁豫抗日战场，就任平原军区副司令员。1945年8月，冀鲁豫军区部队组成三路大军展开反攻，他与宋任穷领导中路军连克延津、原阳、封丘，与南路军形成包围开封之势。在日本宣布投降后，杨勇提出"不打开封以免陷主力于坚城之下"的意见，与党中央随后的指示不谋而合。

1945年8月20日，杨勇就任冀鲁豫军区司令员，随即率军区主力组成东路军参加平汉战役，重挫国民党的内战图谋。同年11月，晋冀鲁豫军区将冀鲁豫军区武装编为第七纵队，杨勇担任司令员。刚组建不久，部队成员来自四面八方，战斗力不是很强。当时，许多人对这个部队能不能打硬仗，心里没底，有些担心。但是，杨勇却气定神闲："'兵随将转'，部队的战斗力，是靠干部带出来的，是靠战斗打出来的。"他一方面努力建军，一方面带领部队积极作战。1946年初，在晋冀鲁豫战场上，第七纵队和兄弟部队一起连克郓城、巨野、嘉祥、济宁等地，歼敌两万余人，部队的战斗力有了很大的提高。

1946年4月，杨勇率领第七纵队参加了陇海战役、定陶战役、滑县战役，歼灭了大量敌人，粉碎了国民党占领冀鲁豫、打通平汉路的计划。

1947年3月16日，第七纵队与归建的兄弟部队合编为晋冀鲁豫军区第一纵队，杨勇继续担任司令员。杨勇之所以军政皆优，指挥有方，能驾驭战场上的千变万化，掌握战争的主动权，一个成功的经验，就是他有刻苦顽强的钻研精神。在戎马倥偬的岁月里，他努力学习毛泽东军事思想，认真领会上级的意图。由于他较多地接触刘邓首长，尤其善于把刘邓首长的作战指挥思想，运用于自己指挥的战役战斗中，所以在作战指挥中，形成了一种决心果断、指挥灵活、能攻善守、英勇顽强的战斗风格。1947年7月，在鲁西南战场上，第一纵队将郓城之敌包围。敌人是国民党军第五十五师师部和两个旅，该敌善于阵地防守，在郓城四周布满了地堡群及暗堡射击孔。面对这样一个强劲敌人，根据刘邓首长关于"攻城部队一定要选择敌防御薄弱、对我有利地段为主攻方向，集中兵力火力突破"的指示，杨勇当即命令：第二十旅在南关向城内实施主要攻击；第一旅在西关向城内进行主要攻击；第二旅在北关向城内实施助攻；第十九旅主力调郓城东关，随时准备歼灭

东突之敌；各旅突破后，迅速向纵深穿插、割裂敌人而歼灭之。一夜激战，全歼守敌五十五师师部及两个旅，共一万五千余人，创造了一个纵队单独攻坚和全歼国民党军两个旅的先例，受到了刘邓首长的通令嘉奖。

郓城战斗结束后，杨勇指挥第一纵队迅速组织了六营集战斗。六营集是个不大的村庄，挤满了一万多敌人。原计划以第一纵队及第六纵队为主力，从六营集南、北、西三路包围实施总攻击，一举全歼敌人。后来，杨勇考虑到“若迫敌为困兽之计，其兵力火力集中，我付代价必大，莫如趁敌兵力拥挤混乱、企图突围之际，诱敌于野外歼灭之”。这一计划，得到政委邓小平批准。六营集东南方有一块几平方公里的大洼地，杨勇决心用“围三阙一”的方法，网开一面，虚留生路，作为敌人的“逃路”。夜晚，为了给敌人以“安全”感，杨勇让驻守在这里的文工团、通信营、卫生所等纵队直属单位加强灯火管制。走投无路的敌人，发现这里尚存一线生机，就在深夜全部钻进了杨勇准备好的“口袋阵”。战斗历时三日，歼灭相当于两个军的整编师，创造了运动战的范例。因此，杨勇受到军区首长通令嘉奖，荣立大功。

1947 年 8 月，根据党中央指示，晋冀鲁豫野战军兵分三路开始千里挺进大别山。在通过黄泛区，渡沙河、红河，涉汝河、淮河的时候，一片泥泞沼泽，使人望而却步，杨勇斩钉截铁地说：“雪山、草地、泸定桥我们都过来了，我不相信黄泛区和几条河流就过不去！”说着，他身先士卒，勇往直前，干部战士无不被他的行动所感动。在他的带领下，部队胜利地通过了数条河流和难行的小道，到达了大别山。在杨勇指挥下，第一纵队和中原独立旅为西路，经过二十二天的艰苦跋涉和激烈战斗，于 8 月底到达大别山区。同年 10 月，他又统一组织和指挥了高山铺战役。此役，第一纵队以伤亡九人的代价，歼国民党军五千七百多余人，击落国民党军机一架，为野战大军实施战略展开创造了有利条件。

1948 年底，淮海战役中，被解放军围困在宿县西南双堆集的黄维兵团，遭到沉重的打击后企图突围逃窜。敌人向哪个方向逃窜，参谋指挥人员开始判断不准。一天，刚过中午，双方激战稍事停顿。突然，敌人的轰炸机沿第一纵队阵地西北方向一路轰炸过来，一条线延伸到敌阵地前沿。这时，杨勇和参谋长潘焱隐蔽在一个防空壕里，他不时地观测着敌机轰炸的目标和位置，边观察边对参谋长潘焱说：“老潘，敌人的意图已经很明显了！他们对我方阵地的轰炸，一反常规，无疑是在为他们的突围部队指出逃路的标记，敌机轰炸的方向，就是黄维要逃跑的方向。”

根据杨勇的判断，潘焱立即作了防敌突围、扑歼敌人的准备。果然，敌人在夜晚向双堆集西北方向突围。结果，逃跑之敌遭到了第一纵队猛烈的阻击，各兄弟部队密切配合，协同作战，终于歼灭了敌精锐部队黄维兵团十二万多人。

（本文选自《党史博采》，有删节）

开国上将张爱萍的戎马生涯

文 / 胡士弘

张爱萍

邓萍的鲜血染红他的衣衫

红军夺取了娄山关，使驻防遵义城的黔军极度慌乱。

翌晨，彭德怀军团长下达了攻打遵义城的命令。

上午9点，行进至距遵义城二十多里的十字坡小隘口，突然枪声大作。

经侦察，原来这是城里的敌人派出的一个营，他们是趁夜赶来设伏，专门阻击我军的。

不期而遇的战斗打响了。仗打得异常激烈。我军还没来得及展开战斗队形，团长便负了重伤。全团作战指挥的担子落在了张爱萍一人身上。

张爱萍意识到，只有尽快解决这只拦路虎，部队才能及早赶到遵义城。于是，他瞅准时机，趁敌不备，亲率先头营突然冲上山头，向敌人发起猛烈攻击。

敌军猝不及防，很快乱了阵脚，阵地为我占领。

我军立足未稳，敌人的后续部队就赶到了，我军又被敌人反攻了下来。

部队被迫后撤。身先士卒的张爱萍挺身断后。他举起手枪频频向冲上山来

的敌人射击。他举枪撂倒了一个敌人，这个敌人正紧追着一个才十六七岁的红军战士不舍。张爱萍记得小战士是与他的哥哥一道来参加红军的。他哥哥就在刚才夺取山头时牺牲了。

小战士得救了，张爱萍自己却成了蜂拥而来的敌人的追逐目标。幸而团政治处主任王平带着侦察排及时赶到，击退了敌人，才解了他的围。紧接着，我军其他部队也赶到了。

张爱萍与邓萍的雕塑

敌人又被我军反击了下去。我军一鼓作气，将其大部歼灭。

残敌向遵义方向逃窜。红十一团在张爱萍指挥下穷追不舍，一直追到了遵义城下。

彭德怀军团长发来了新命令：敌增援部队将于当晚赶到。我军务必于当晚攻下遵义城。

张爱萍利用一个长着草丛的小土墩作隐蔽物，与团参谋长观察地形和敌守城之部署。

这时军团邓萍参谋长来了。邓萍拿起望远镜观察了一会儿后，说：“你们先钳制住守城之敌，待军团主力到达后发起总攻，一定要在明天拂晓前拿下遵义。情况紧急，明天增援遵义的敌人薛岳部就可能赶到……”

话还来不及说完，他的脑袋便坠了下来，人靠在了张爱萍的右臂上。如注的鲜血，立刻染红了张爱萍的衣衫。邓萍参谋长被敌人流弹击中，当场牺牲。

邓萍是黄埔军校早期毕业生，是平江起义的领导人之一。他是红军优秀的军事指挥员，更是彭德怀最得力的助手。

猝然又剧烈的悲痛攫住了张爱萍的心。这已经是壮烈地牺牲在他身边的第二位我军高级军事指挥员了！很长时间，张爱萍陷入了对邓萍的深深怀念中。

彭德怀军团长闻讯赶来。他泪流满面地连呼：“邓萍同志，邓萍同志！”然而，邓萍再也没有回答。

“军团长，我没有保护好邓萍同志。你批评我吧！”张爱萍介绍完邓萍牺牲前后的情景，痛切地说。

“这事与你无关，没有你的责任。”泪痕满面的彭德怀临走时，竟也没有忘记安慰同样悲痛的张爱萍。

然而，这时张爱萍宁肯挨一顿痛骂。如果这痛骂能够宣泄彭德怀内心的剧痛的话，这样张爱萍也会好受得多。

这晚，部队在悲痛中奋勇攻城，于翌晨再次攻克了遵义城，实现了烈士的遗愿！

游说李宗仁打台儿庄

1938 年深秋的一天，张爱萍来到豫皖交界处的河南鹿邑县刘大庄。这里是

张爱萍

1942 年，张爱萍同夫人李又兰在苏北汪朱集

新四军游击支队司令部所在地。

张爱萍的亲密战友、游击支队司令员兼政委彭雪枫正热切地等着他的到来。

9月，彭雪枫奉命从竹沟东进。出发时部队是三百七十三人。沿途吸收一些部队，这时已发展到了一千四百多人。一个月后，又扩大到了三千多人。

队伍迅速膨胀，要吃要穿，供给成了天字第一号的大问题。豫东是个新区，又处在敌后，远离河南省委和长江局，离陕北根据地也更远了。部队的供给失去了依靠，像个没有了娘的孩子。眼看着隆冬将至，部队过冬的棉衣还没有着落。吃饭也成了大问题。连红薯面也是吃了上顿没下顿。经常一天只吃一顿饭。“不瞒你说，现在部队已经到了饥寒交迫的地步。”彭雪枫终于向老战友袒露了真情，“再这样下去，部队就难以巩固啦！”

聪明如彭雪枫者，对“兵马未动，粮草先行”的兵家之常理，事先不可能不有所考虑。他利用统战关系，曾安插了一位叫魏凤楼的特别党员，来鹿邑当县长。

彭雪枫向张爱萍介绍：“魏凤楼在西北军当过军长，有正义感、有爱国心。但严格说来，他只不过是我党的一个统战对象，政治上不能对他要求过高。哪里晓得，我们派去做工作的那位同志嫌魏凤楼思想落后，同他的关系搞得很僵，甚至突然在一个早晨不辞而别，弄得魏凤楼很恼火。原指望魏凤楼给部队筹粮筹款，结果砸锅了！”

彭雪枫眉宇紧蹙：“要解决这火烧眉毛的事，别无他法，还得去做魏凤楼的工作。但此事绝非常人所能胜任。所以想请老战友助一臂之力，屈驾去走一趟。”

实在是太凑巧了。张爱萍抗战以来走南闯北，竟是怎么也摆脱不了做“说客”的命运。当初离开延安的时候，是毛主席亲自给他交代的任务，要他去上海组织敌后抗日武装，开展游击战争。谁知直到今日，毛主席交代的任务也没有实现得了。倒是身不由己地做了折冲樽俎的“游说之士”，同李宗仁、黄绍竑等统兵大员打交道。

今年2月间的徐州之行便是其中的一次。任务是周恩来和叶剑英亲自交代的。要张爱萍以八路军代表的身份，到徐州说服李宗仁下决心在济南以南、徐州以北地区同日军打一仗。

李宗仁当时为津浦路地区（第五战区）司令长官，是桂系军阀的头目。在徐州，张爱萍根据周恩来和叶剑英的指示，向李宗仁坦诚进言，力劝他下决心打好这一仗：“当前，日本军队从华北长驱直下，越来越骄横无忌。这便犯了‘骄兵必败’之大忌；再者，敌人孤军深入，而从济南到徐州一线又多是山地，地形有利于我而不利于敌；三则，有我八路军从北面作翼侧掩护，作战略配合。加上这个地区川军的协同，取胜是有把握的。”

听到这里，李宗仁不禁抬头望了望张爱萍。他有些肃然了。他发现，来使不过二十七八年纪，但却有如此超凡的见识，对于兵法运用之周密，远远胜过国民党营垒里那些徒有其名的所谓德国留学生、日本士官生、黄埔生……

然而，张爱萍说了半天，李宗仁只是听而不答，城府莫测。

“我还要进一言。”见李宗仁的态度不置可否，张爱萍又道。

“请讲。”

“自抗战以来，蒋介石嫡系军队节节败退，越来越不得人心。此役是司座和桂系提高众望的天赐良机。司座应该在这样有利的形势之下，下决心集中兵力打一仗。这虽然可能会付出较大代价，但其胜利必定也是辉煌的。这样一来，便可奏一石三鸟之效。不但能给日军以重创，给敌侵华锐气以迎头痛击，还将大大提高桂系军队在全国民众中的地位，特别是提高贵军在国民党军队中的声誉。请司座考虑其中的利弊。”

听到这里，李宗仁的目光变得深沉了。张爱萍见他心有所动，便又加了一把火。“李司令，请你想一想，自抗战以来，蒋介石把嫡系部队不断撤向后方，而把非嫡系部队调往前方。这究竟是为了什么呢？依我看来，这是想借日军之手，逐步消灭非嫡系部队！”

李宗仁听到这里，眼睛急速闪动了一下，突然变得平静了。但这是一种强装的平静。张爱萍交疏而言深的话，已经在李宗仁的内心掀起了层层波澜。

张爱萍走后，李宗仁感慨地说：“今方知后生可畏也！”

张爱萍总算不虚此行。他回到武汉不久，台儿庄战役便打响了。是役成为抗战以来最大的一次胜利。

张爱萍一到魏凤楼部，便觉得这支名义上的抗日队伍，实际上既无政治头脑，又少军事技术，完全是依靠西北军的地方观念、邻里感情维系起来的。于是，他便建议健全军队中的军政指挥系统。

此举深得魏凤楼的赞同。当然，张爱萍没有忘记在这些组织中，特别是政治部门，层层安插共产党员。

接下来，有两件事使魏凤楼对张爱萍佩服得五体投地。

其一是他有感于干部的缺少，便在张爱萍的帮助下办了一个军政干部训练班。张爱萍一如过去在红军中工作那样，与学员们吃住在一起，每天坚持早操晚点。学员大都是各地来的青年知识分子，对张爱萍的这种处处以身作则为人表率的行动非常感动，大加赞扬。这事传到魏凤楼的耳朵里，使他既得意又佩服。

其二是鹿邑一度失守。张爱萍根据侦察人员的报告，认为城内敌人的兵力空虚，建议把鹿邑夺回来。攻城那夜，张爱萍带领部队冲锋在前，率先登上城楼，一举消灭了守城伪军一个中队。此役使魏凤楼在豫东声名大噪。当然，他也很清楚这功劳是谁的。

自此，魏凤楼视张爱萍为知己与“心腹”。魏凤楼在张爱萍的游说下慷慨解囊。两千多套里外三新的棉衣，三千元白花花的银洋，就在1938年的春节前夕，送到了彭雪枫的部队，在部队最艰难的时期，解决了生存发展的最基本最重要的问题。

（本文选自人民出版社《开国上将张爱萍的戎马生涯》，有删节）

孙毅将军在长征途中

文／王锡堂

孙毅将军

孙毅将军是我军的一员虎将，早年曾参加北伐战争和反蒋战争。1931年12月，参加宁都起义，走上革命道路，任中国工农红军第五军团第十四军谍报科科长。1933年，加入中国共产党后，历任粤赣军区独立第二十二师参谋长，红一方面军教导师参谋长，参加中央苏区第四、第五次反“围剿”斗争。1934年他率部参加长征，并给人们留下了许多感人至深的传奇故事。

没有“四条腿”还有两条腿

1934年8月，时任红军学校教员的孙毅被军委总部副总参谋长叶剑英叫去。叶剑英对孙毅说：“当前第五次反‘围剿’形势十分严峻，为了应付更复杂、更困难的局面，中央决定组建一支新的部队——教导师，直属军委领导，主要任务是保护党中央和中央军委。军委确定由张经武出任教导师师长，何长工任政治委员，你任参谋长。”

从总部出来，孙毅迅速与张经武一道，全力投入部队的组建工作。当时军委决定，教导师由瑞金、会昌、兴国、汀州、于都、石城等十几个县的独立团、营，补训团、营和游击队组成。编为三个团，每团一千七百人左右，加上师部各直属队，共六千多人，他们都来自土地革命后翻身农民的子弟，年纪在十七至二十二岁之间。到8月底，教导师按期组建完毕。遵照刘伯承总参谋长“立即投入政治、军事训练”的指示，孙毅协助张经武制定了《新战士训练计划》，油印后发到各个连队执行。

10月10日，是教导师奉命出发的第一天。当天上午，张经武从军委总部会议室出来，火速赶回师部，传达了总部会议精神。会后，他把孙毅叫到了自己房里，告诉他布置完远征任务后，大家在讨论领导干部乘马问题时，军事顾问李德得知孙毅是从白军起义过来的，便把手中的铅笔一挥，将孙毅名下的“马”划掉了。张经武据理争辩，也都无济于事。但孙毅对于有无马骑这区区小事也不太在意，他幽默地说：“没有了四条腿，我还有两条腿，师长就放心吧，我绝不会掉队的。”

负重突围中两次甩掉“包袱”

长征开始后，为了保密，党中央和军委机关统称为“红星纵队”。博古决定将印刷票子和宣传品的机器、修理枪械的兵工机器等统统搬走，并决定由教导师承担这一任务。上千件东西，包括大大小小的铁箱、木箱，以及用稻草、各色布料绑捆的、需要三五人甚至十来个人才能抬着走的机器部件，全由教导师战士肩挑杠抬，行动十分缓慢，从瑞金高围到洛口五十里，走了十六个小时。为了赶上部队，他们每天的睡眠时间只有四五个小时。战士到了疲劳的极限。

部队通过敌人的第一道封锁线后，进入了江西和广东交界的大庾山。这里到处都是悬崖峻岭，只有一条崎岖小道，加之天不作美，不时下着小雨，战士抬着这些笨重的物资行走在这条泥泞湿滑的小路上，就比上天还难，不少战士掉下悬崖牺牲了。很多基层干部战士来到孙毅身边，对“负重转移”的做法提出了质疑。当天宿营后，孙毅把干部和战士的意见向张经武、何长工做了汇报，并谈了自己的看法。经过认真讨论，张经武决定由孙毅起草电文，向军委总部请示，今后遇到危险路段时，把多人抬的机械部件丢下山涧，减免部队伤亡。第二天，总部复电，批准了这一要求，署名是刘伯承的亲笔签字。

在湘粤交界处的九峰山，由于山势险峻，抬着大机器的战士更是寸步难行，稍有不慎，就跌入深渊。张经武、何长工、孙毅果断做出决定，将两人以上抬的机器部件全部处理掉。战士们打开草包、麻袋，能砸的砸碎，砸不碎的，便顺着悬崖推下去。百余个大件处理后，近千名战士从沉重的负担中解脱出来，剩余的四百多担装有各种物资的箱子，仍由战士轮流挑着前进。

教导师随红军大队通过敌人第三道封锁线后，来到了敌人在湘江设置的第四道封锁线。12月1日，在长达三十里的战场上，红军与敌人展开了一场生死存亡的大拼杀，终于突破了十几万敌人的封锁，胜利渡过了湘江。教导师根据朱德指示，日夜行军，一同渡过了湘江，随即向湘、黔边界的通道县进发。

教导师负重走了两个多月，减员到了极其惊人的地步，六千多人剩下不足一半。关键时刻，中央于12月18日在黎平召开政治局会议，决定撤销教导师编制，其人员分别补充到第一、第三军团，并决定甩掉坛坛罐罐，轻装前进。

会后不久，刘伯承来到教导师，向科长以上干部传达黎平会议精神，宣布张经武调军委另配工作，何长工调任军委第一纵队第二梯队司令员兼政委，孙毅去军委干部团任职。1935 年 1 月 5 日，教导师到达乌江江界渡口，除武器、弹药、粮食、医药外，把所有机械部件都投入了乌江。随后，孙毅按军委指示，担任军委干部团作战科科长，继续率部长征。他对身边的郭路排长说：“你这个大力士肩上没有沉重的包袱了，可轻松了！”

一字不差地汇报

红军顺利通过彝族等少数民族地区后，飞夺泸定桥，强渡大渡河，来到了夹金山下。夹金山主峰海拔四千多米，终年积雪，空气稀薄，没有道路，没有人烟，气候变化无常，时阴时晴，时雨时雪，忽而下起冰雹，忽而狂风大作，民间素有“神山”之称。要翻越这座大雪山，对长时间跋涉、生活艰苦、体力虚弱、衣服单薄的红军来说，困难是难以想象的。叶剑英把孙毅叫来说：“你这个侦察科科长带几个人去，找些民众了解一下，问问他们，看怎样过雪山损失才会小一点。”

孙毅马上带上两个参谋来到了硗碛村的几户村民家访问。据村民反映：山上大雪纷飞，寒气逼人。想要过山，必须在上午 9 时以后，下午 3 时以前。要多穿衣服，上山前多喝些姜汤或辣椒汤，最好每人拄一根棍子，防止摔倒。接着，一位老大爷还一本正经地对孙毅说：“在山上行军，要做到不准说话，不准嬉笑，不准坐地，否则会引起山神发怒，性命难保。”

孙毅回到部队，将听来的情况一字不差地向叶剑英做了汇报。叶剑英听后

孙 毅

对孙毅说：“我们共产党不相信山神发怒的说法，但这是当地村民的经验之谈，对我们爬这座大雪山很有启发，我们就按村民说的去办。”随即口述了四条指示：一，爬越雪山时不要走得太快；二，相互之间不要说话；三，任何人不能坐下来休息；四，发扬阶级友爱、团结互助精神。还要求各部队准备好足够的生姜、辣椒，发给每位指战员。接着，孙毅根据叶剑英的这几条指示，起草了一份通知，发给每个连队并进行传达。

历经千辛万苦，1935 年 10 月 19 日，孙毅所在的红一方面军终于到达陕北革命根据地的吴起镇。至此，长征胜利结束。孙毅这位铁打的汉子也终于用双腿走完了二万五千里长征。

（本文选自《人民政协报》）

李中权的革命家庭
——九人参加红军长征

文／赖　晨

李中权

开国少将李中权一家的经历极具传奇色彩。他全家九人参加长征，其中，父亲李惠荣、母亲王理诗、大哥李中泮、二哥李中池、妹妹李中珍在长征途中先后牺牲。1937年，兄妹在陕北团聚时，只剩下四人。1949年在北平，三人迎来了中华人民共和国成立。

一家九口参加红军

李中权的童年，正是军阀混战、民不聊生的时代。1924年，父亲李惠荣、母亲王理诗从孩子中选中聪明的李中权，四处借钱支持他去读书。读高小时，张爱萍将军曾是李中权的老师，给李中权看了列宁的《论两个策略》和《唯物史观》等进步书籍，对他进行最早的革命启蒙。1932年，他被中共党组织调到蒲家场任达县红军游击队一大队政委，开始了自己的革命生涯。

1932年12月，徐向前率领红四方面军入川，一举创建了川陕苏区。在革命形势感召下，李中权一家九口全部参加了革命。大哥李中泮带领赤卫队配合红军作战，二哥李中池和四弟李中柏为红军筹粮带路，五妹李中珍带领妇女队抢救伤员。在红军主力撤离时，父母带

着一家九口参加了红军，而大嫂、二嫂、侄辈以及李中权妻子、幼儿留在老家。

痛失六位亲人

1933年年末，父亲李惠荣跟随红军离开家乡后，来到四川通江县肖口梁。他在砍柴时，遇到敌人追击红军通信员。李惠荣为了掩护红军通信员，把他的帽子戴在自己头上，把敌人引向自己。在与敌人搏斗中，李惠荣身负重伤，光荣牺牲了。

1934年3月，时任红三十三军独立团政委的大哥李中泮，在张国焘“左”倾路线下，被错杀于平昌县元山场，年仅二十七岁。（红军到达延安后，批判张国焘的错误路线，李中泮得到平反昭雪，被列入红四方面军牺牲的团级干部名单中。1980年，他被追认为革命烈士。）

李中权的二哥李中池在理番的一次战斗中牺牲。五妹李中珍在过草地时不幸遇难，伴随着她牺牲的，还有她的丈夫石映昌。

开始长征那年，李中权的母亲王理诗已五十三岁了，并从小裹脚。虽然如此，她挪动着小脚拽着幼小的李中柏、李中衡、李中秋，夹在奔波的红军家属和根据地群众中，从川东走到川西，两条腿肿胀得像个紫萝卜，左小腹还长了一个毒疮。即便如此，她仍旧过四江（嘉陵江、涪江、渠江和岷江）、翻雪山，在十五个月里，和同志们走过了二万里的路程。

李中权在长征途中三次遇到母亲。第一次是1934年4月，母子两人都知道父亲逝世的消息，却相互隐瞒，最后还是母亲告诉了李中权。第二次是1936年2月，在西康省宝兴城，李中权正准备二过草地。那天黄昏，他再次遇到了带着三个弟弟妹妹赶路的母亲。李中权没有告诉母亲二哥李中池还有五妹李中珍夫妇三人的死讯。最后一次是1936年3月，在西康省丹巴县东边耳时。时任师政委的他，遇到了带着幼小的弟弟妹妹的母亲。李中权留下一匹战马、一块大洋、一口袋干粮，忍痛和亲人告别。

凭着惊人的毅力和战马的帮助，李中权的母亲和弟妹翻过了雪山。1936年7月7日那天，在四川炉霍县冬古喇嘛寺附近，母亲再也走不动了，她告诉孩子们说，跟红军走！幼小的李中衡、李中秋兄妹掩埋了老人，带着老人留下的拐杖，一直走到了陕北。

兄妹在陕北相聚

1936年9月的一天，李中权在甘南行军中，忽然遇到了李中柏。李中柏告诉了他母亲逝世的噩耗。李中权万分悲痛，便问李中衡、李中秋在何处？李中柏说他们在后面。很快，李中权见到了李中衡和李中秋。李中权安慰弟弟妹妹说：“将来革命胜利后，我们一定要把亲人们的英雄事迹写出来。”说罢又向他们匆匆告别。

靠着坚定的信念和惊人的毅力，李中权四兄妹终于完成了长征，胜利到达了陕北。到了陕北，李中权在抗大高科班学习。1937年1月的一天，最小的妹妹李中秋到抗大找他，这个七岁便开始长征的女孩，终于找到了哥哥。李中权和在延安文工团学习的李中秋小妹见面不久，四弟李中柏、五弟李中衡也一起到延安见面了。正赶上1937年春节，他们兄妹四人在延安一家餐馆吃了一顿饭，又到延安照相馆照了相。

这次团聚后，兄妹们又分开了：李中权仍在抗大工作；李中柏到了甘肃庆

2009年新中国成立六十周年大阅兵时的李中权将军

阳步兵学校学习、工作；李中衡到了三五九旅王震同志那里做译电员，后不幸病逝于陕北；而李中秋留在延安学习。

三兄妹迎解放

李中权参加抗日战争、解放战争、抗美援朝战争，历任师政委、军政委、南京军区空军政委。1955年被授予少将军衔，1983年离休。

李中柏在部队历任班长、仓库主任、师后勤处政委、军训练大队政委、仓库政委、沈阳军区后勤部工厂局顾问等职。离休后享受正师职待遇，因病于2002年4月18日在沈阳逝世，享年八十五岁。

李中秋先在延安文工团工作，后到陕北一所红军家属学校学习文化，1939年初调总参通信学校第十三期学习通信工作。1940年，李中秋被调军委总部做通信工作。

1949年3月，党中央、军委总部进入北平。李中权、李中柏、李中秋兄妹在这伟大胜利的日子里，也相见于北平，当然很高兴。二十一岁的李中秋已是两个孩子的妈妈了。1950年，抗美援朝战争爆发，李中秋和丈夫沈昌荣奉命调到沈阳工作。1952年，李中秋到北京中央马列学院学习，结业后调任中国人大历史系党总支书记。1960年，李中秋奉命调到沈阳军区工作，被授予上校军衔，任军区训练大队长，于1965年8月6日逝世，享年四十岁。

（本文选自《人民政协报》）

老兵毕杰增难忘烽火岁月

文/袁小兵　李浦松　周　罡

毕杰增，1927年9月，出生于山东荣成东山镇楼底下村。1940年10月，十三岁的毕杰增加入八路军山东纵队五支队军医处，历任学员、统调员。1941年，参加五个月反投降战斗。1942年11月，率轻伤员和百余群众在马石山突围成功，被胶东军区授予“卫生模范”称号。1943年12月，任胶东军区文西独立营助理医生。1945年9月，随部队挺进东北，任东北民主联军四纵队十一师等部医生、主治医生。1947年8月，加入中国共产党。1960年，被授予少校军衔。

稀缺的药品，脆弱的生命

1941年3月15日，一个壮实黝黑的汉子出现在胶东区党委召开的大会上，他的讲话火药味十足：“我来胶东就是要打仗的，不打就没有出路，不打就不能抗战到底，我们一定要当硬骨头，坚决打出去，打垮投降派的进攻，打出山东的新局面！”这人就是传奇将领许世友。

其时，胶东抗战形势十分严峻，八路军山东纵队五旅和五支队刚改编组建不久，由于缺乏坚定而统一的领导核心，在日、伪、顽联合进攻面前，人员大量伤亡，地域日趋缩小，不得不放弃胶东心腹要地牙山。非常时刻，许世友受命来到胶东，成立反投降指挥部，统一指挥五旅、五支队，组织轰轰烈烈的五个月反投降战役。这是胶东我军第一次大规模作战。

首战观水，击毙土“司令”投降派陈煜部队两百三十人，其中包括其政治部主任和军需处处长，陈煜率残部逃窜。但八路军也有一定伤亡，尤以烧伤为多。

这是毕杰增生平参加的第一场战斗。那年他十四岁，正在五支队医训队当学员，枪声一响，他就是个战地卫生员。观水之战，让他零距离见识到什么是战争。

“他们很多人光着膀子，露出被烧伤的身体，轻的烧红了，长水泡，重的烧焦了，还有的烧得眼睛都睁不开，到处是呻吟声和哭喊声。”那些天晚上，少年毕杰增的睡梦里，满是恐怖的场景。

救护在一个叫作大泮口的村子里进行，整个五支队只有三名医生，忙得脚不沾地，毕杰增和几十名卫生员的工作则是给伤员上药、换药，另外还要紧张地“造药”。

那时没有烧伤膏，他们就把柳树皮、榆树皮熬成膏，再与凡士林混杂，抹在牛皮纸上，这就是烧伤膏了；牛皮纸不够，就把膏直接涂在伤口上。没有消毒水，就把盐和野菊花放进水里烧开，用于冲洗伤口。缺输液的材料，就让伤员口服盐水和糖水。缺镊子，就把竹筷子一端剖开，放沸水里消毒就是了。没有换药盘，就用柳条编成筐代用……

观水之战后，部队转战崖子、郭城、发城、赤山、榆山，活捉“司令”苗占魁，大歼胶东最大投降派赵保原主力，打败了十几支投降队伍，最终取得了五个月反投降战斗的胜利，部队亦成倍扩军。

战争产生了大批伤员，而部队一直是流动作战，无法让伤员紧随其后，医训队就在崖子、哨里、刘格庄、南北果村一带成立野战医院，医院就设在各村老百姓家里，饮食、护理由各家的主人自愿承担。需要动手术者由医训队临时组成手术队实施手术，毕杰增和他的同伴则在上完课后，走村串户去给伤员换药。由于村与村之间距离较远，他们晚上换药后就与伤员睡在一起。

先后有三次，等到天亮的时候，毕杰增才发现，紧挨身边的战友已经停止了呼吸。

“他半夜里好像还动了几下，天亮时发现已经没救了。对于他的死，我一直觉得很难受，很愧疚。昨天晚上我们还说了话，想不到他就这样无声地死在我身旁，而我一点办法也没有。”这位战友是和毕杰增同乡的五支队一团王班长。崖子一战，他攻到一所房子外围，向里面的顽军喊话“缴枪不杀”，突然从里面扔出一颗手榴弹，他挨得最近，腹部被炸开，肠子翻了出来。

毕杰增见到王班长时已是十天后，他腹腔严重感染，已近昏迷，面糊都喝不了。毕杰增把手探进他的腋窝，高烧得厉害，揭开他腹上包裹着的三角巾，三四条蜈蚣样的伤口缝合线刺痛了毕杰增的眼睛：上面全是难闻的脓性分泌物。

八路军胶东军区战地医生

毕杰增知道，没有抗菌药，这种手术的清创很不彻底。

得知眼前的卫生员也来自荣成，王班长来了点精神，挣扎着聊了会儿天。油灯下，毕杰增看到的是一张蜡黄而英俊的面孔。“他才二十岁不到就当了班长，如果他没死，他会娶个好媳妇，说不定也能当上师长、将军。”

胶东军区司令员许世友将军

但就因为缺药，一夜之间，生死两隔。生命在战火中如此脆弱，这成了毕杰增少年的心灵无法承受之重。多年后，他当上了医院副院长，反复告诫下属的就是：把病人当成亲人，把药品当成生命。

马石山大突围

1942年11月17日，烟青公路、烟潍公路上突然冒出六七百辆日军军车，青岛、高密的日军开始迅速向莱阳、栖霞、福山各据点大量增兵。《八路军山东纵队史》里写道：“此时战争的空气，就像当时冬季的天空一样，顿时乌云密布，朔风四起。”

毕杰增很快感到了这种风云之突变。次日，胶东军区军医处处长兼政委夏云超火速赶到他所在的胶东军区医院，号令医院立即转移突围。这时候，毕杰增已经在医院当了近一年的统调员，负责伤员的进出院登记、分配。

这是1942年日军对胶东发动的第三次“大扫荡”。日军华北方面军司令冈村宁次从北平坐飞机秘密抵达烟台亲临指挥，日军出动一万五千人，加上伪军和投降派赵保原等部五千多人，另有海、空军配合，无论规模、部署、兵力、装备和残酷毒辣程度，都是胶东抗战史上空前的一次。

许世友这时已经是胶东军区司令员了，这次摆在他面前的形势更加严峻。胶东军区总兵力只有一万四千人，装备亦远不如敌军。而敌人“拉网合围”的正是胶东党、政、军首脑及机关所在的马石山，企图置胶东抗战军民于死地。毕杰增所在的军区医院、兵工厂、被服厂、抗大胶东分校也藏身在这里。

许世友下达了反“扫荡”方针：保存有生力量，分散活动，分区坚持。对十五岁的毕杰增来说，就是怎样带领他这个小组安全突围出去。小组里有两名女护士、四名轻伤员，由前垂柳村民兵队长指挥的一个民兵小组配合行动。

突围之前，近百名不能行动的重伤员被紧急转移到山里预先挖好的猫耳洞里，大的洞躺两人，小的洞躺一人，每个洞有一桶饮用水和够吃三天的烤馒头干，然后把洞口伪装好，只要里面不出声，敌人站在洞边也不会发现。

11月21日，天刚蒙蒙亮，毕杰增就听到了打雷般的大炮声和嗒嗒响的机枪声，不一会儿，天空嗡嗡响，敌机从他头上掠过，弹片同时狂泻下来。毕杰增卧倒在地，不敢抬头往上看，只感觉到被子弹打起的烟尘袅袅升起。

从地上爬起来，他才发现天空飘起了小雪，北风也一阵紧似一阵。很多人打起了哆嗦。

走了半天，越过几道山梁，他们碰上了几百名干部和群众。原来大家跑着跑着，就跑到了一起。夏云超处长一看不行，目标太大不利于突围，连忙召集各小组负责人，布置分头行动。毕杰增要把前、后垂柳村一百多名群众带出去。

这真是一支老弱病残的队伍，但大家齐心协力，硬是没让一个人掉队。一位大娘跌伤了脚，轻伤员大个子老李一声不吭，一背就是一天。第二天，他实在走不动了，大娘说："我这把老骨头死不足惜，你们赶紧走吧！"毕杰增挑了三个身体较强壮的轮流背，大娘感动得说不出话，眼泪簌簌地往下流。

"我们八路军都知道，没有人民群众做我们的靠山，给我们支援，我们哪能打赢鬼子？那次突围，我更加明白了军民鱼水情的道理。"毕杰增想到这里就激动起来。

但敌人显然有备而来，"白天摇旗呐喊，步步紧逼，无山不搜，无村不梳，烧草堆，挖新坟，掘地堰，清山洞，连荒庵、野寺以及巴掌大的土地庙也不漏过；夜晚则野地宿营，烧起一堆堆篝火，岗哨密布，在山口要隘还设置了带响铃的铁丝网"。敌人夸口说："只要进入合围圈内，天上飞的小鸟要挨三枪，地上跑的兔子要戳三刀。共产党、八路军插翅难逃。"

队伍在山林里与敌人周旋了三天。敌人向北推进，他们就往南走；看到另一路日军向东，他们就赶紧向西。到23日，日军增加兵力，缩小了包围圈，连"膏药旗"都看得清清楚楚。

这天正值农历十月十六，夜晚本是如水的月光，但毕杰增记得，乌云遮住了月亮，到处黑乎乎的。经过连续几天的"扫荡"，敌人已是人困马乏，除了几个哨兵在寒风中跺脚，其余全都酣睡如猪。"这注定是个逃脱的夜晚，否则天亮了就只有死路一条。"

几个手榴弹扔过去，敌军分不清方向胡乱开火。轻伤员王副连长带领其他伤员一跃而出冲在最前面，后面紧跟着民兵小组保护的群众，毕杰增在后面督促收尾。队伍冲入对面的松树林，再往马石山北坡转移，终于破"网"而出。

这次带队突围，毕杰增得到了他参军后的第一个嘉奖——胶东军区卫生模范。

马石山突围战中，有四百多指战员阵亡，千余群众（一说是五百多人）被害，六千多群众被救，平均每十五名生还者，就要付出一名战士的生命作代价。十六团政委张寰旭、参谋长陈子英，胶东军区军医处处长兼政委夏云超均壮烈牺牲。

（本文选自《南方都市报》，有删节）

背驮弹药上前线　伐木烧炭淬钢钎

口述／陈　斌　整理／马　振　朱华庭

1950年10月19日，中国人民志愿军雄赳赳、气昂昂跨过鸭绿江，赴朝参战

1925年4月，我出生在南庄小听村。1949年5月在上海解放时入伍，编入第三野战军第九兵团二十七军七十九师二三七团三营九连。1950年6月朝鲜战争爆发后，上级通知我们停止训练，准备赴朝参加抗美援朝。我们部队改为中国人民志愿军第九兵团二十七军七十九师二三七团，我是团部后勤处运输排战士。

1950年11月上旬，我军奉命入朝参战。整个行动，十分保密，十分急促。我和伙伴带足干粮、马料、枪，马驮满弹药便雄赳赳地踏上了鸭绿江大桥，奔赴前线。此时，长津湖战役已经打响，战斗十分激烈，敌机狂轰滥炸，坦克大炮轰轰作响。我们入朝时未及换装，就连被服都跟不上，朝鲜的寒冬真冷，冻伤的人很多。朝鲜是个多山的地域，我们驮队翻了一山又一山，过了一弯又一弯，山里山，弯里弯，山道崎岖行路难。有一天下午，就在过一个小山冈时，碰上敌机扫射，我正想把马拉到山弯坡躲避，谁知它突然快奔三步，依伏在陡坡树根旁斜靠着。后面的队伍没跟上，就遭到袭击受了损失。过后，我和班长用手掌拍拍它招呼伙伴，赞扬它懂事，好样的。我们把手榴弹顺利地送到前线，战友们见到手榴弹，喜出望外，连声说：“有了手榴弹，我们就有救了！”

1950年11月下旬，上级命令我们二十七军急行军赶到长津湖设伏，发起反击，扭转朝鲜战局。长津湖是敌人向前川进攻的必经之路，也是我们最好的伏击地。那里山高林密，人烟稀少，平均海拔在一千三百米，几乎全是崇山峻岭。我们部队翻山越岭赶到了长津湖附近的柳潭里时，已是半夜时分。上级命令我们立即构筑阵地战壕，由于泥土已经冻结，只能用铲子敲开冻土层，然后才能挖掘。战友们饿了就从干粮袋里抓一把炒面，再抓一把雪往嘴里塞。白天，鹅毛大雪一刻也没有停止过，厚厚的积雪覆盖着整个原野，长津湖沿线的山岭上看不到任何身影和战壕的痕迹。山顶有两名警卫战士站在伪装过的掩体口注视着周围的动静。敌人的侦察机超低空在茂密的树林上空盘旋后飞走了，只有呼呼的风声在山谷回荡。战友们埋伏在冰天雪地中，经受着被冻僵、冻死的考验。夜幕降临了，西北风夹杂着鹅毛大雪，刮得让人睁不开眼睛。敌人的十几万机械化部队，前后距离拉开达一百多公里，缓慢地前进着。战友们向山下望去，美军车队的灯光如同一条长蛇在长津湖沿岸的山岭间弯曲着缓慢行驶。

志愿军某部指挥员在上甘岭坑道口指挥作战，阻击美韩军向北推进

突然，三颗信号弹腾空而起，在夜空中划出三道耀眼的弧线。公路两侧的山头上，兵团正副司令宋时轮、陶勇指挥着二十军、二十七军向敌猛攻。那时，我只是二十岁出头的小伙子，在柳潭里战役中忙着运送大批手榴弹到前线阵地，基本上靠肩扛、背驮，交通工具是骡马。在九天战斗中，我荣立三等功一次、四等功一次。

1952 年 10 月，上甘岭战役中，我因失去战马而调到步兵连，奉命去五圣山挖坑道。五圣山是朝鲜东海岸到西海岸的连接点，是朝鲜中线的门户，控制着金化、铁原和平康的三角地带，是朝鲜中部平原的天然屏障。它海拔 1061.7 米，朝鲜出版的地图上找不到它，却标出了上甘岭的方位。因为不足 3.7 平方公里的上甘岭，是控制五圣山命脉的高地，我们三人奉命为打坑道而烧炭、淬钢钎和十字镐。地点是在五圣山北面的山旮里，那里灌木丛生，大的齐胸高。我从来都没有烧过炭，另外两个人是胶东人，一个叫王平，另一个叫什么记不起来了。我们三人一个组轮流值班，把灌木横七竖八地埋起来。上面用泥土封死，中间留了一个出气孔。经过伪装，以防被敌机发现。经过一天一夜的烧制、冷却，最后炭出窑了。取炭很危险，我们小组轮流着去取。取完后，我们汗流浃背，脸上漆黑一片。一窑子的炭，大约有七八畚箕，可以供一个团一天淬钢钎、十字镐之用。我们的炭烧得多，坑道挖掘进展快，受到上级嘉奖，团部给我们小组记了一次集体三等功。1952 年 11 月，我们九兵团奉命回国休整。

（本文选自《今日象山》）

我与一张军用布地图

口述／李士瑜　整理／冯耀华　司伟宽

如果你有机会走进位于浙江省嘉兴市的南湖革命纪念馆，在三楼西北侧展柜内，会看到一张已经微微发黄的布质军用地图。

这是谢振华将军在解放战争时期使用过的一张地图。地图是苏北军区司令部印制的，料子是质地柔软的白布，比例为1∶50000，区域范围是苏北沭阳地区。

1947年2月，华中野战军番号撤销，成立华东野战军，所属部队整编为十三个纵队。我在第十二纵队第三十五旅担任司令部参谋处书记，谢振华任纵队副政委兼三十五旅政委。

印象中，旅里基本没有这种布质地图，谢振华也是因为任纵队副政委，这才有了一张。他经常拿着地图看，而且看得很入迷。我们作战那一带的地形、要点，他都烂熟于心。有时行军途中忽然有了什么主意，他就随手拿出来看，和大家一起分析研究，随时调整、修改作战方案。这种布质地图和纸质地图相比，最大的优点就是防雨防霉，不容易折烂。那时候行军打仗，谢振华常常骑在马上看地图，布地图不怕风不怕雨，随时拿出来就能用，难怪他那么钟爱这张地图。

元宵节刚过，国民党军整编第四十四师及整编第六十五师等七个旅的兵力，在当地保安队、还乡团配合下，气势汹汹地向淮海地区扑来。我们旅在纵队编成内会同兄弟部队，进行了灵活

李士瑜和他捐赠的军用布地图

机动的抗击。在3月中旬拔取沭阳万匹镇据点的战斗打响前，谢振华几乎图不离手，时而盯着沉思，时而用指头在上面比画，时而和汪乃贵旅长进行讨论，并不时把作战意图告诉我们这些参谋人员，我们再迅速进行标图，直到研究制定下最后的作战方案。那一仗，拔除了敌人在我东（海）、灌（云）、沭（阳）三县边区设置的中心据点，切断了敌人重要的补给线，重新打通了苏鲁通道。

那个时期，谢振华用这张地图指挥了大大小小六次战斗，先后歼敌两千多人，切断了淮沭公路，沟通了盐阜、淮海两区的联系，迫使坚守据点之敌首先逃窜，收复了失地。

1948年秋天，我纵奉命开拔山东，准备参加济南战役。当时，我已调到纵队司令部任作战参谋，谢振华升任纵队司令员。出发前，他将这幅布地图交由我保存。我十分清楚这张地图的特殊意义，怕在行军途中搞丢，就托人交给母亲，要她帮我好好收着。

之后，我一直随部队南征北战。中华人民共和国成立后，先是赴朝参战，回国后又忙于战备值勤，鲜有时间回家。

1983年7月，我离休后回到家乡看望母亲。我的母亲叫黄家珍，虽是一位很普通的家庭妇女，却是老抗属。母亲告诉我，这些年来，她曾三次将地图埋到地下。替我保管地图的事，除了父母，家里再没人知道。

1993年3月，母亲辞世了。在她的贴身小包里，我找到了这张地图。2008年9月23日，为庆祝中华人民共和国成立59周年，我把它无偿捐献给了南湖革命纪念馆。从此，它便陈列在了我们党诞生的地方。

（本文选自《解放军报》）

我随粟裕司令员过长江

口述／崔协祥　整理／佚　名

崔协祥，江苏海门人，1929年11月出生，1946年7月入伍，1945年12月加入中国共产党，曾任三野前委秘书等职。

我于1947年在华东军区司令部任技术书记，后任第三野战军前敌委员会秘书。作为粟裕身边的工作人员，亲历了许多重要战役战斗，特别是在渡江战役中，一路跟随粟裕打过长江，深为他的智慧、勇敢和果断所折服。

再晚，也要把地图挂起来

粟裕酷爱地图。我到粟裕同志身边工作，也是沾了地图的光。因为参军前就学过地图学，具备较好的识图、绘图能力，我有幸被选到华东军区司令部任技术书记，成为粟裕身边的一名工作人员。

当时，我的工作有三项：挂图、标图、绘图；收听敌我双方以及美国的电台广播并将主要内容整理汇编；整理相关文件和资料。

1949年4月，粟裕司令员和张震参谋长率三野机关南下苏中泰州白马庙，筹建渡江战役指挥所。到达目的地时已是深夜，粟裕要求将一幅长江地区军用地图挂到墙上。

粟　裕

一路征途劳顿，有同志劝粟裕先休息。他摆摆手："再晚，也要把地图挂起来。"他特别嘱咐我："兵要地志情况要标绘清楚。"

当晚，一盏昏暗的马灯下，粟裕站在地图前开始思考筹划渡江战役……我

粟 裕

1940 年秋，陈毅（右二）和粟裕（右一）在江苏黄桥

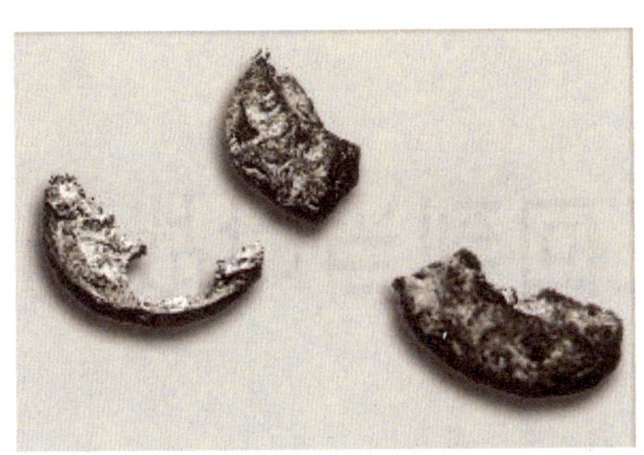

留在粟裕头颅中长达五十四年之久的三块弹片，取自粟裕头颅骨灰

们这些在他身边工作的人员都知道：每次大战，反复研看地图，是粟裕的习惯。渡江战役中，他头痛经常发作。那是红军时期头部受重伤脑部残留弹片所致。每当头痛发作时，他就拿出铝制镇痛器戴在头上接着工作。

靠着这种顽强的毅力钻研和思考，粟裕提出的作战方案和思路总是与众不同。

困难再大，也要夺取胜利

渡江战役前夕，我军缺少船只。这个问题不解决，无法突破敌军重兵把守的长江天险。重大关头，粟裕表现出坚定的意志和必胜的信念。他说：“困难再大，也要夺取胜利！”他主要抓了战役布势、部队训练和筹集船只等工作。

对部署的每项工作，粟裕都要跟踪检查。面对船只筹集遇到的难题，他主动找船工了解情况，要求制定船工伤亡优抚条例和船只损坏赔偿规定，最大限度地减轻船工的后顾之忧。通过深入细致的工作，短短一个多月，部队就征集到民船八千多条。

一次，粟裕在江边训练场视察。听说部队经过二十多天的训练，95%以上的山东籍官兵掌握了游泳、划船、泅渡射击、船上救护等作战技能，他立刻要官兵带一条船到水上进行“实战”演练。

看着士兵们在水上摇橹操舵娴熟默契，他满意地说：“打过长江去，我心里有底了。”

执行纪律，没有商量的余地

粟裕平时指挥果敢决断，执行纪律也绝不含糊。

部队解放江阴后，粟裕发布命令，要求部队严格遵守群众纪律。一位连长因为违反群众纪律，受到警告处分。有人为这名连长向粟裕求情，粟裕格外严肃：“执行纪律，没有商量的余地。”

得益于粟裕的严格要求，第三野战军所到之处所向披靡。4月23日清晨，我从电台广播里收听到我军进入南京城的消息，一路小跑向粟裕报告。

“蒋家王朝终于覆灭了！”粟裕格外高兴。欣喜之余，他让我叫机要秘书过来。原来，他考虑到当时进至南京的部队有一部分是起义队伍，当即要求电告该部注意严格执行城市政策和入城纪律。

4月23日晚上，我随粟裕、张震和原苏中区党委书记陈丕显等领导同志一起，乘一艘小艇渡过长江。夜色朦胧，江风拂面，胜利的喜悦激荡人心。粟裕立在船头，感慨万千：“这是我第四次渡江了。历史是不可逆转的，蒋介石集团的反动统治这次要彻底结束了！”

几十年过去了，跟随粟裕过长江的情景依然历历在目，令我永生难忘。

（本文选自《解放军报》）

闭上眼，仿佛又回到当时战场

口述／萧　卡　整理／朱　晨

萧卡（1919年—2015年），湖南湘乡人，1949年时任第三野战军第十兵团二十九军八十七师二六〇团政委。中华人民共和国成立后，先后任上海电机厂厂长、上海市电机局局长、市仪表无线电工业局局长、市航空工业办公室主任、中共上海市委员会秘书长等职。亲身经历并参与领导了中国第一台1.2万千瓦双水内冷发电机研制发明、国家上海电机工业基地建成、上海仪表无线电工业初创与规划、国家第一个大型飞机项目“运十”的研制和试飞等一系列新中国工业建设的大事。

1949年1月10日，我所在的华东野战军和中原野战军并肩作战，歼灭了国民党徐州“剿匪”总司令部刘峙及杜聿明指挥的五十六个师，淮海战役取得了胜利。国民党政府大势已去。那时候的形势，按照毛主席的说法，就是“连敌人都不会怀疑我们将会取得最后胜利”了。我们部队奉命开到如皋休整，同时为渡江进行训练准备。大家每天都在议论，什么时候渡过长江，打到南京去，彻底解放全中国。在这期间，根据中央军委统一全军编制和番号的命令，我担任团政委的华东野战军第十一纵队三十三旅九十八团，正式改编为第三野战军第二十九军八十七师二六〇团，仍由我担任政委。

“毫发无损”过了江

到了4月21日，中央军委毛泽东主席和解放军朱德总司令下令“向全国进军”，激动人心的渡江战役开始了。第二十九军按照渡江作战总前委的决定，于长江的龙稍港至张黄港的左路发起渡江作战。我们二六〇团作为全军的第二梯队，由靖江下水启航，在江阴一线登陆。整个渡江的过程非常顺利，其中我们团当时的团长李干起到了关键作用。他到我们团才一个月，就被调去配合华中工委策反江阴炮台。在他和其他同志的努力下，江阴炮台的守军起义，调转炮口打国民党军，我们部队就“毫发无损”地过了江。

由于李干不在，当时全团主要由我指挥。过了江后就是一路前进，23日下午6点，我们团作为师的先头部队最先

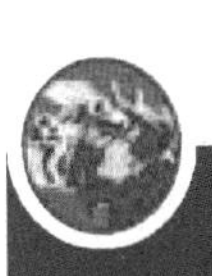

抵达无锡城外，还没等发起攻击，城里的敌人就一哄而散。晚上9点，无锡宣告解放。25日晚上，友军解放了苏州。我也带着队伍进城。刚安顿下来，师部又命令立即去吴江，说那里有一股敌人。结果发现是一小撮散兵游勇，冒充解放军骚扰老百姓，部队一个行动就将其清除了，再返回苏州休整。

在苏州休整到5月10日，全团奉命到常熟集中。当天晚上，第十兵团在常熟举行了团以上干部会议，兵团司令员叶飞在会上作了上海战役动员报告。我还记得，叶飞主要是传达了三野前委的决定，就是上海战役既要全歼守敌，又要确保城市完整地回到人民手中，军事、政治都要胜利。后来他又部署作战任务，中心思想是由常熟直插上海东北部宝山的月浦、张华浜，迅速占领吴淞口，从而“关门打狗”，迫使市里的敌人投降。我们师分到的任务，就是主攻浏河、月浦。

这次解放全国最大的城市上海，是我们立大功的最后机会。只觉得敌人一直望风而逃，不堪一击，对月浦的敌情、地形、工事都不够了解。5月12日黄昏，我们团在接近月浦途中的新桥解决了敌人的一个巡逻排，从排长的嘴里才了解到，蒋介石为了“坚守大上海”，已经调来了八个军近二十万人的兵力。月浦镇又是月宝公路上的重要据点，吴淞、宝山防御体系的西大门。守卫月浦的是五十二军的一个师，这支部队是辽沈战役里逃过来的，编制算比较完整，已经在月浦修筑了密集的钢筋水泥地堡群和多重障碍物。军长刘玉章还嚣张地扬言，要“让共军卡在我的钢铁阵地里”。除此之外，国民党军京沪杭警备总司令汤恩伯还调来了十二个炮兵团协防，再加上江面上三十多艘兵舰和江湾、龙华机场飞机的助战，实力大大超出了我们此前的预料。

当时，我们团一共只配备了三门山炮。我和副团长梅永熙、参谋长李仲英商量，立刻改变此前定下的“猛攻猛插”战术，先进入阵地构筑工事。但是时间仓促，大家一直干到13日天亮，战壕还没来得及挖深，敌人的炮火就已经打过来了。三门山炮被打坏了两门。一个上午下来，担任主攻的一营就伤亡了三分之一。团指挥所和各营的电话线也常常被炮火炸断。我和梅永熙分工，他在前面指挥冲锋，我在团部指挥所协调作战。到下午2点，上级下达了总攻的命令。战士们冒着如雨点一样的炮弹、子弹冲了上去，这时天空又下起瓢泼大雨，使得行动更加困难。在一排排战士倒下的代价下，到当天夜半时分，我们团终于攻克了月浦镇北敌人的前沿阵地。但是全团已经伤亡七百多人，十二名营级干部有十一人负伤。我在跟着攻击部队往前冲的过程中，看到前后不断有战士倒下，但我们部队还是一直往前冲，没有一个人犹豫退缩，这样的精神真是惊天地泣鬼神！

部队激战十五个日夜

攻占前沿阵地后，我命令立即巩固阵地，加强工事，以对付敌人反击，并准备明天继续攻击。14日黎明时分，我清点部队，结果只找到一百二十多名步兵。这时，敌人又用四辆坦克排在阵地前，用坦克炮向我们密集射击，掩护步兵向阵地冲来。我们战士的枪都被雨水和泥水淋湿，已经不能打了。干部里唯一没有受伤的三营副教导员张勇就拿着集束手榴弹，从水沟冲向坦克，结果炸毁了一辆，其他三辆逃走了，但他壮烈牺牲了，当时才二十三岁。张勇没牺牲前，多才多艺，还会木刻。我一直很欣赏他，他的牺牲很可惜。

14日中午，军长胡炳云打来电话，问我们团还能不能继续攻占月浦。当时部队的风气，就是抢着啃“硬骨头”，越苦越危险越抢着上。我立即回答说，可以攻进月浦镇，但现在部队集合不起来，攻进月浦后，还要另调预备队占领月浦全镇。胡军长很高兴，让我们继续进攻，又调来二五九团的两个营跟进。我和梅永熙、李仲英商量，把剩下的一百二十名指战员分为突击队和第二梯队，以便突击成功后迅速占领两翼，巩固突破口。当天傍晚5点，我们团第二次向月浦镇发起总攻。突击队打开突破口后，我跟着第二梯队也随即赶上。冲到突破口的时候，一个炮弹打了过来，我身后的警卫员小马当即牺牲。小马是参谋长李仲英的警卫员，当时李仲英在突击中受伤，我命令他送李仲英下去，他不肯，一定要跟我冲进月浦，结果壮烈捐躯。我自己也被炮弹震倒，嘴里都是泥土硝烟，所幸正好在战壕拐弯的死角上，幸免于难。二五九团的团长胡文杰在前沿阵地指挥时，敌人兵舰上的穿甲弹集中攻击了他所在的那个房子，他英勇牺牲。胡团长是整个解放上海战役中，我军牺牲的级别最高的干部。

我军某部在吴淞月浦镇与敌人进行巷战

进镇后我立即清点人数，发现全团只剩下六十二人。我立即下令，全团卧倒在镇边月宝公路侧面，准备迎接敌人反击。果然15日天亮后，敌人开始疯狂反扑。炮弹从我头上两尺的地方扫过，打在墙上是一个个洞眼。敌人坦克冲过来，我们就用稻草、木头铺在公路上点火焚烧，阻挡坦克前进，再用机枪、手榴弹打坦克后面的步兵。就这样，从早到晚，一天里打退了敌人五次反扑，像钉子一样牢牢钉在月浦镇。后来才知道，当天蒋介石在复兴岛直接监军，蒋经国奉命亲自到月浦劳军，同时还在国际饭店举行“月浦大捷庆功礼”，难怪敌人如此疯狂垂死一击。

到16日，敌人看到大势已去，反击开始变弱，次数也变少了。我和梅永熙一起，趁机整理部队。当时统计，全团已经伤亡一千两百多人。我们就把各营战士暂时编为一个扩大连。这时，从我到下面的战士，都已经三天四夜没有合过眼了。我命令他们暂时轮流休息，恢复体力。17日，蒋经国第二次到月浦劳军，眼见已经没有夺回月浦的希望，便灰溜溜地跑了。敌人的炮火变得更加弱，我抓住机会，组织全团总结此战的经验

教训，认为打敌人的钢筋水泥碉堡群，只能以小股兵力分头攻克，不能一拥而上；还归纳出“慎重计划，充分准备，夺取一点，巩固一点，逐步挺前，相机出击”的战术原则。根据这个原则，以后几天里，我们团以夜袭战、爆破战等战术，把面前的敌人碉堡一个个“拔钉子”，自己基本没有伤亡，就这样等待总攻的到来。

5月24日晚上，我方各路部队已经攻占了苏州河以南的上海市区，汤恩伯已经逃到了吴淞口的军舰上指挥。25日，三野前委下令各部发起总攻，我们团跟八十五师二五四团猛插宝山、吴淞，以摧枯拉朽之势，全歼宝山、吴淞之敌，共俘敌七千多人，缴获无数武器弹药物资。但当赶到吴淞口时，敌人的兵舰轮船已经发动，没有能把汤恩伯抓住，是一个很大的遗憾。

你们是全军的骄傲

5月28日，上海正式解放。到这天为止，我们团已经连续进行了十五个日夜的激烈战斗，我和所有指战员都没有真正睡过觉，只是在战斗间隙打打瞌睡。但我们用步兵和轻武器，突破了敌人海陆空协同的立体防御和坚固的工事体系。战役总结时，胡炳云军长表扬我们团：“打得好，打得很顽强，你们是好样的，你们是全军的骄傲！”

尽管为上海解放流血牺牲，但当时我们团的指战员，都没有机会一睹大上海的风采。战斗结束后，全团直接调到苏州休整补充。在苏州时我病倒了，整日昏昏沉沉，连站立行走都困难。苏州的随军医院怀疑是肺结核，转送到上海江湾的原国民党陆军总医院治疗了一段时间，发现哪是什么肺结核，就是极度疲劳引发的综合征，整个人虚弱到了极点。我的妻子徐希当时在师后勤部当政治协理员，一开始听说我阵亡了。经过我妻子和医生七十多天的精心照料，我才逐渐康复。当我回到南京三野总部报到时，才得知部队已经开往福建。首长问我，愿不愿意到南京市委工作。我当即表示，只要组织需要，个人坚决服从。就这样，从1949年11月起，我就到南京市委报到。三年后，又调到上海华东工业部。因为我入伍前学的是电机专业，主动申请下基层，到新成立的上海电机厂工作，从此就再也没有离开过上海。我这一辈子，与上海结下的不解之缘，就是从1949年，解放上海那十五个日日夜夜开始的。

（本文选自《解放日报》）

吴效闵的故事

文/吴　森

吴效闵

招降同乡筹得渡河船只

一一〇团于1949年5月16日沿浙赣线向西挺进，抢渡抚河，准备解放南昌。政委张谦一到驻地就去寻找船只，可除了一只小舢板外，一无所获。负责侦察的游击队向团长吴效闵报告，抚河以西向塘车站一线有白崇禧的一七五师沿河布防，而南昌县政府所在地谢埠守敌为土杂武装，控制着大量船只。于是，团长吴效闵让作战参谋李金桥扮成敌军将领，游说他的河北老乡、谢埠保警队总队长提供船只。

20日夜，吴效闵目送着小舢板在江面上越来越模糊，直到被暮色吞没。

半小时后，李金桥和六名穿着国民党军服的游击队员向县政府大摇大摆地走去。李金桥走进县政府大厅，在雕花太师椅上坐定，把加拿大手枪往桌上一撂："快去叫你们总队长，官不大，架子不小。"

总队长和三个中队长谄笑胁肩地进了屋，李金桥没寒暄几句便直奔主题："念咱们都是河北老乡，我再兜圈子就不实在了。不瞒你说，我是陈赓将军的特命谈判代表，来为你指条阳光道。你想想看，黄河、长江都没挡住陈赓大军，白崇禧在小小的抚河上还布什么防线，这不是拿哥几个的命在锅里涮，老婆孩子不要了？"

几句有情有理的话说得总队长点头称是，接下来就开始谈及优待条件和"名分"了。

李金桥心里美，嘴上却在卖关子："按说大军都开到鼻子跟前了，起义恐怕来不及了。看在老乡分上，我在陈将军面前替老兄美言几句，争取弄个投诚吧。不过，你也得有个见面礼吧，我们的炮艇一时来不了，把你扣的船开过河，怎么样？"

谈判成功了。当夜，总队长和南昌县县长带着四百多人和全部船只过河迎接解放军，一一〇团顺利渡过抚河。

团长不睡豪华客房躲过一劫

21日早晨，据侦察员报告，夏威兵团已撤出南昌向南逃窜。吴效闵命令："三营进至南、北嵩担任警戒，其余部队擦拭武器，洗衣服。入城时，都给我打起精神。"

南昌县县长见吴效闵眼里布满了血丝，让他到家中小憩。县长公馆很阔气，进了正门，花遮柳护，曲径通幽，后院有座古色古香的小楼，县长让他睡在二楼客房。

看见豪华的镂刻雕花床和绸缎被，团长警卫员张福禄心里不踏实了。他对团长说："县长这么有钱，是地主，还是

解放军向南昌挺进

资本家？这楼、这床是咱睡的吗？还是到楼下随便找间屋，盖上自己的被子才睡得香。”于是吴效闵下楼找了个小房间，很快就入睡了。

突然一排炮弹打来，一发炮弹穿过屋顶在二楼的雕花床旁爆炸。睡在楼上的战士伤了好几个，电话被炸成碎片。吴效闵一骨碌跳下床，抓起手枪、赤脚跑出门外，只见南北笼罩在一片黑烟里，喊了声：“不好，敌人来了，通知二营在南嵩左翼占领阵地，一营守渡口。走，上三营！”

在国民党将领中，白崇禧颇善谋略，用兵诡诈，被称为“小诸葛”，尤其擅长“拖刀回马枪”。四野一个前卫师过长江后，一路顺利追穷寇，结果中了“回马枪”，被白崇禧主力第七军三面包围，全师伤亡三千多人，后在兄弟部队接应下才撤了下来。在国民党政府风雨飘摇、国军一溃千里的1949年，冷静抓住机会进行果断反击的国民党高级将领，也只有白崇禧。毛泽东给林彪的电报中曾称白崇禧为“中国境内的第一个狡猾阴险的军阀”。

三营占领南、北嵩后，还没来得及挖工事，敌人的榴弹炮、山炮、大口径迫击炮等炮弹便呼啸而来，村中腾起冲天的烟柱，火球四处滚动，没一会儿工夫两个村的房屋就成了高不到一米的残垣断壁。敌人仗着兵多炮重，分三路呈弧形包抄过来。

敌军来势汹汹　团长亲上阵地稳军心

配属三营的团炮连在一块坟地上构筑炮兵阵地，已经来不及挖座盘槽了，把座盘靠在坟堆上就打。谁料坟包是空心的，巨大的后坐力将迫击炮顶进了坟包。

炮兵出了纰漏使不上劲，桂军运动很快，沿着山沟，刷刷地就蹿了过来。那边炮火一停，穿“两尺半”短裤的广西兵，快速地在阵地前跳跃。三营阵地被撕开几个口子，一些步兵越过坟地向后退。

在这紧要关头，吴效闵又出现在炮兵阵地，手持M1911朝天连放两枪，喊道：“不许退！炮兵架炮，步兵跟我来！”后撤的战士看到团长和他们在一起，士气陡增，紧跟着冲进硝烟炮火中。

团长上来后稳住了军心，待敌人距离四五十米时，三营营长安玉峰一声令下，战士们突然跃起用各种火器一起射击，进攻的敌人似秋风落叶般倒毙在稻田里。团长身旁的号兵吹响冲锋号，七连勇猛反攻夺回两个高地，稳住了阵脚。

这是我们的最后阵地

敌人几次攻击没占到便宜又开始用重炮轰，带着哨音的弹片从团长身旁飞过，坟头阵地没有掩蔽所，战况紧急，就连挖个土坑的时间也没有。张福禄急出了一头汗，看到古坟底部有个黑洞（炮连迫击炮底盘顶出来的），他壮着胆钻了进去，穹形墓室由青砖砌成，除两具棺材外还有不小的空间，赶紧把团长拉进了古墓，点亮手电筒，地图就放在棺材板上。

敌人的炮火还在猛烈轰炸。三营副营长李东海腿部负伤不让包扎，抱着重机枪不撒手，重机枪子弹打完了，他把重机枪卸下丢进水沟，从烈士身边抓起轻机枪又打，村里到处都是敌人，一边射击，一边威逼他们投降。

吴效闵考虑乱坟岗地势略高，有坟包作掩体，又有古墓穴防炮，决定放弃

南嵩，让通信员通知九连沿水沟转移到坟堆，二营在左侧组成防线，一营坚守渡口并担任预备队。

布置完任务，吴效闵咬着腮帮宣布："这是我们的最后阵地，我和你们一样决不向后退一步！背水之战拼的就是勇敢，退一步的结局是全团覆没！"

八次集团冲锋未果　敌军惨败而归

到了中午12时，战斗越打越激烈。十华观和大塘李村被敌军占领，敌军一七五师和一八八师在猛烈炮火的支持下，由这条弧形线上全线发起进攻。

二营坚守的贾村、王庄阵地三面受敌，五连一排排长温福举和敌人拼了十五分钟手榴弹，胳膊肿了，又和连长徐庭举各自抱起一挺机枪猛烈扫射；徐庭举一人杀伤敌人五十多名。两个连的广西兵虽是凶悍异常，可就是攻不动一排阵地。二营副营长郭建华带领四连适时向敌侧翼反攻击，削弱敌人的攻势。两个师的敌人共发起了八次集团冲锋，除了横尸三百多具外，一无所获。

15时，三十七师师长周学义和一一一团团长陈建兴、政委马子安带领该部渡过抚河后，遏制住敌一八八师的攻势。一〇九团在师政委雷起云、团长顾永武和政委何云峰率领下，冒着炮火渡河，向十华观迂回侧击，将敌一七五师拦腰切断。赵华青副师长带领一一〇团一营、二营向三营阵地推进。战局出现转机，敌我双方形成对峙。

夏威见两个多师没啃动一个团仓促防守的滩头阵地，丢下上千具尸体，狼狈窜回南昌城内，并于22日拂晓弃城向西逃跑。白崇禧屡试不爽的"回马枪"，以夏威兵团的惨败而告终。

陈赓重回南昌　叹胜利来得艰辛

南昌解放了！6月6日，陈赓将军冒雨来到南昌。面对麾下的战将，陈赓深有感慨地说："今天是我第四次到这里，第一次是1927年春，蒋介石南昌叛变，我险遭不测，逃入武汉；同年8月，自南昌起义至退出南昌，我和李立三担任肃反工作是第二次；1932年冬，我在红军中负伤，返沪医治，不意被捕，被押到南昌，那是第三次；今日为第四次，这一次我是以胜利者的姿态来到南昌。"

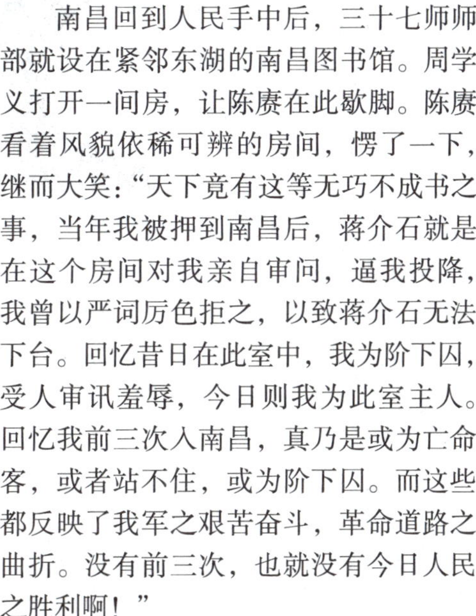

南昌回到人民手中后，三十七师师部就设在紧邻东湖的南昌图书馆。周学义打开一间房，让陈赓在此歇脚。陈赓看着风貌依稀可辨的房间，愣了一下，继而大笑："天下竟有这等无巧不成书之事，当年我被押到南昌后，蒋介石就是在这个房间对我亲自审问，逼我投降，我曾以严词厉色拒之，以致蒋介石无法下台。回忆昔日在此室中，我为阶下囚，受人审讯羞辱，今日则我为此室主人。回忆我前三次入南昌，真乃是或为亡命客，或者站不住，或为阶下囚。而这些都反映了我军之艰苦奋斗，革命道路之曲折。没有前三次，也就没有今日人民之胜利啊！"

入座后，周学义向陈赓汇报了南昌之战的惊险以及官兵的英勇。吴效闵两腮痉挛似的抽动，心在滴血，这一仗中三营的伤亡比他们在淮海战役中还大！他嘴角颤了几下正要开口，陈赓摆了摆手说："你不用再说了，一个营伤亡了五百多人，部队没有放羊，这就是最好的汇报！"

（本文选自《南昌晚报》，有删节）

《革命到底》

文／郑晓艳　吕　航

韦拔群

韦拔群出生在广西一壮族家庭。护国战争爆发后，他在家乡招募了一百多名乡友赴贵州参加护国军讨伐袁世凯。曾因反对旧军官虐待士兵而被捕入狱，后经一广西同乡营救出狱，被保送贵州讲武堂学习，毕业后被分配到黔军驻重庆某部任参谋。五四运动爆发后，他阅读了《新青年》等进步刊物，接受新的思想，并以“愤不平”为笔名，宣传革命思想，不久被军部查究，毅然弃职离开旧军队，开始从事革命武装斗争。

回到家乡后，韦拔群组织农民开展武装斗争，多次领导农民自卫队打击敌人，推动了广西农民运动的迅速发展。

1929 年 12 月 11 日，韦拔群同邓小平、张云逸发动了百色起义，并成立了中国工农红军第七军，任红七军第三纵队司令员。

1930 年秋，红七军奉命北上，韦拔群留在右江地区坚持斗争。他将一千多名精壮的战士和好枪拨给主力部队，而自己却只留三十多支劣枪和七八十名体弱多病的战士。张云逸非常感动地说：“你留下，往后的工作会更加艰巨，斗争会更加残酷。”韦拔群充满信心地说：“不怕，这地方我熟，走了一千，还会有一万，有人就有枪，我们一定坚持到红军主力打回来。”

红军主力撤走后，敌人立即反扑。1931 年 11 月，国民党军队出动八千多人，对西山进行“围剿”。敌人扬言：不把韦拔群生擒，也要把他困死、饿死。敌人见路就堵，见山就占，见人就抓，气焰十分嚣张。韦拔群一面向山区转移，一面迅速地扩充自己的队伍，利用山区复杂的地形，采用灵活的战术，与敌人展开针锋相对的斗争。

为了鼓舞红军战士的士气，他编写了一首《革命到底》：

穷人闹革命，众人亲，雄心要坚定。
那时灭土豪，吃穿好，饭饱衣又新。
今日处恶境，但相信，雾散天会晴。

敌人不甘心失败，1932 年 8 月，又纠集万人对西山实行“围剿”，敌人“围剿”的规模一次比一次大，斗争一次比一次残酷。韦拔群面对强大的敌人，从容自若，率领右江独立师开展游击战，保卫和巩固了右江革命根据地。

（本文选自吉林人民出版社《永不褪色的红色故事》）

袁国平：皖南事变中为不连累战友而自尽

文／佚　名

袁国平

1941年1月，国民党挑起事端，制造了震惊中外的皖南事变。7日拂晓，当新四军军部及所属部队九千多人奉命北移至泾县茂林地区时，突遭八万多国民党军队围攻。我军被迫抗击，血战七昼夜，终因弹尽粮绝，大部分干部、战士壮烈牺牲。军长叶挺冒死请命，被国民党扣押，副军长项英、副参谋长周子昆被叛徒杀害。万分危急之际，负责军队政工的将领袁国平挺身而出，率余部继续北撤。激战中，他身中数弹，一头从山坡上栽到沟底的草丛中。13日晚上八九点钟，军部卫士连副连长李甫带领一百多人突围至离军部六七里远的周家山洼时，突然发现一个血肉模糊的人躺在那里。俯下身去仔细一看，才看清是军政治部主任袁国平。大家立即围上去，连声喊着："袁主任，袁主任！"

袁国平慢慢地睁开了眼睛，有气无力地说："你们走你们的，赶快突围出去，不要管我了。"

战士说什么也不肯丢下自己的首长，他们借着探照灯的光亮迅速查看了袁国平的伤势，发现他全身四处中弹，其中一颗子弹穿透左胸，浑身血乎乎的。李

1937 年 10 月，周恩来与新四军部分领导人在皖南，左二为袁国平

甫立即组织几位身强力壮的战士轮流背着袁国平继续突围。大家趁着夜色在山林中摸索着前进，天快亮时才赶到章家渡。章家渡水深齐胸，河面较宽，无从找船，几个人将袁国平抬在肩上涉水过河，走到水深的地方就举在头顶上。不幸的是，部队在过河时被敌人发觉，密集的子弹扫过来，许多同志牺牲了。袁国平也几次掉进水里，又一次次被战士们从水里捞起，顶起来继续前进。这样折腾了好几次，二三百米宽的章家渡用了四十多分钟才渡过，一百多名战士过了河只剩下三四十人了。

过了河，大家在章家渡下游的一座庙的门口稍事休息。战士们围着昏迷过去的袁国平，一声声地呼唤着：“袁主任——袁主任——”过了好一阵子，袁国平慢慢地睁开眼睛，挣扎着用微弱的声音讲了最后几句话：“你们走你们的……赶快突围……不要……管……我了……，向……组织上……替我……汇……报……”

战士们感到揪心和难过，不忍心抛下敬爱的首长而去。袁国平了解自己的战士，为了不拖累部队行动，为了部属们能够轻装突围，趁大家不注意时，他从口袋里摸出手枪，向自己的头部扣动了扳机……

袁国平，这位不足三十五岁的新四军高级将领，将宝贵的生命献给了革命事业，实现了“如果有一百发子弹，要用九十九发射向敌人，最后一发留给自己，决不做俘虏”的诺言。

1955 年，中央军委指示南京军区将袁国平的遗骸由安徽泾县茂林迁到南京雨花台烈士陵园，重新安葬。

（本文选自中国社会科学网）

秘密战线上的传奇人物——罗青长

文／朱晓萍

他有三过雪山草地的传奇经历，他曾经打入国民党胡宗南部从事地下活动，他是当年中央清查潘汉年历史问题的执行者，他是周总理临终前召见的最后一人。他就是被誉为“秘密战线上的传奇人物”的原中央调查部部长——罗青长。

经历长征

罗青长的家乡苍溪是红色革命的基地，当年有三万多名优秀青年参军。他是1932年参加共青团的，入团后一直在苍溪中学从事地下工作。1934年8月，红四方面军八十九师来到四川苍溪，罗青长响应党的号召，和二十三名同乡一起加入红军的行列（到中华人民共和国成立，幸存下来的只有三人）。1935年3月，红四方面军在苍溪打响了渡江作战的第一枪，十六岁的罗青长告别故乡，跟随队伍开始长征。长征中，他经历的故事实在太多了，抚今追昔，仿佛历历在目……

当时因为年纪小，长途跋涉使他疲惫不堪，有时候走着走着就睡着了。一次在草地休息后，他懵懵懂懂地跟着队伍出发了，走到半路才发现枪丢了，吓得他出了一身冷汗。正要回身去找，忽然看见大队指导员傅崇碧帮他扛着枪走了过来，用严肃而又和蔼的口气对他说：“罗青长，死人也要守着四块板板！你这个当兵的怎么敢把家伙丢了！”这件事情令他终生难忘。

然而，比之于疲惫，长征中面临更多的是血雨腥风和对生命极限的挑战。

红军驻扎在大金川时，罗青长担任武工队队长。一次与少先队指挥部熊作方去崇化县，联络一座寺院的妇女独立连。当他们到达寺院时，只见残垣断壁、余烬未熄，三十多名红军女战士全被敌人枪杀。其中有一位是罗青长认识的达县籍女战士高立生，年仅十六岁，临牺牲前紧握手榴弹，怒目圆睁，此情此景让他终生难忘。

由于张国焘的错误路线，红四方面军三次过雪山草地，每次都有红军战士长眠在那里。一个小战士，生性活泼，平时总爱张着嘴乐。大家给他取了一个绰号“叉口”。过草地时，由于饥寒交迫，他倒下了。临牺牲前，他拉着罗青长的手说：“罗青长，我不行了，你们去把红旗插遍全中国吧！”

1936年夏，罗青长率武工队执行筹粮任务，返回途中，在丹巴县两河口发现渡河的桥梁被敌人烧毁。桥下是湍急的河流，队伍中会游泳的不过半数，而敌人的追兵就在身后，情况十分危急。

罗青长

罗青长（左）与李克农（中）、杜长天（右）合影

这时，他急中生智，命令大家解下绑腿，连成绳索，会游泳的和不会游泳的交叉排开，一起下水，顺流而下，终于在敌人赶到之前回到了部队。

一直以来，长征都被西方学者视为“比摩西带领信徒穿过红海更大的奇迹”，长征老兵则是“革命的精华，构成了中华人民共和国奠基的神话人物”。从罗青长和他的战友们身上，这一切都体现得淋漓尽致。

在秘密战线上

1938 年 11 月，作为中央社会部的秘密干部，罗青长被派往八路军西安办事处。他的公开身份是八路军西安办事处主任林伯渠的机要秘书，暗中，他在西安地下情报系统负责人吴德峥的领导下，从事情报搜集、整理和传递工作。

当时，八路军西安办事处的驻地七贤庄一号院，是我党在国统区的窗口，也是国民党特务的心头大患。监视与反监视的斗争在七贤庄激烈展开。特务在七贤庄旁边的小学里堆土成山，在上面设立哨亭，随时掌控院内的情况；七贤庄对面的一所中学也设立了隐蔽的监视点，敌人在墙上挖了小洞偷窥。为了严密监视我方行踪，西安警备司令部甚至以登记为名，闯进七贤庄检查。按照国共双方约定，八路军办事处的人员、枪支、弹药都要上报。特务一直期望能找到漏洞借机下手。由于罗青长的精心布置，每次检查都是无懈可击，甚至连子弹都一粒不多一粒不少。

为了保持与中央的联系，七贤庄配有大功率电台。特务从无线电监听中发现异常电波后，几次进门搜查，结果总是无果而返。一天深夜，西安警察局局长派侦缉队队长带队突击检查，仍然没有发现蛛丝马迹。如今，这个经罗青长巧妙隐蔽的秘密电台，成了革命旧址七贤庄的一个参观点，每天都要接待来自全国的参观者。

1939 年 4 月，罗青长根据组织安排转入地下活动，以中尉书记官的身份作掩护，打入胡宗南部。一次，他得到消息，负责同自己联系的人“动摇了”。他不由一惊：大量秘密文件还放在联系人那里！当时西安全城戒严，顾不上考虑个人安危，他冒着生命危险，通过层层警戒线，从联系人处取回文件，安全转移到八路军驻西安办事处。

1941 年，罗青长被调回延安，担任中社部一室指导科科长，进入我党情报机关的核心部门，协助李克农等中社部领导负责联系指导全党各情报系统，全面掌握对敌情报斗争。他博闻强记、勤于思考，由他撰写的关于三青团的报告，得到了毛主席的赞赏。同时，他还是有名的活档案，中央前委转战陕北，时任中社部一室主任的罗青长随行，每天向毛泽东、周恩来提供国民党部队的调动情报，对国民党师以上军官了如指掌，对我党各系统情报部门如数家珍。毛泽东称赞说“我们每天都有得用的情报”。

中华人民共和国成立以后，罗青长参与了侦破国民党特务刺杀刘少奇主席的“湘江案”，参加破获国民党特务企图谋害周恩来的“克什米尔公主号”事件……

徐向前元帅曾经评价，罗青长“是我党情报侦察战线上的无名英雄”。

（本文选自《学习时报》，有删节）

谢胜坤：长征路上公正的粮草官

文/佚　名

谢胜坤

谢胜坤，江西万载人，1911年出生。1930年加入红军，先后任红三军团五师十四团供给处主任、红一军团四师供给部科长。长征路上，他负责筹粮筹款，管理钱粮。抗战时期，任新四军四师供给部部长。抗战胜利后，任华中军区政治部组织部部长。1947年3月，调到六纵担任政治部副主任。1949年后，历任南京军区后勤部部长、浙江省军区政委、南京军区政治部副主任、武汉军区副政委。1955年被授予少将军衔。

年轻的红军班长谢胜坤在第二次打长沙的战斗中表现英勇，一个班十一个人，打得只剩下两个人，但是他们把全班的枪都背了回来。战后谢胜坤入了党，并被提拔为红三军团六师八团一连的排长。

那时候士兵委员会权力很大，连长如果犯了错误，也有可能被大会决定撤职甚至是判刑。谢胜坤在一次会上以全票当选司务长，他不想做后勤工作，请求彭雪枫让他继续冲锋陷阵。彭雪枫劝他，什么工作都是革命工作，不一定扛枪才算，再说这个职务是群众给的，无上光荣。

从此，谢胜坤当上了红军的“粮草官”。别人休息的时候，他就去筹粮筹款，安排伙食。

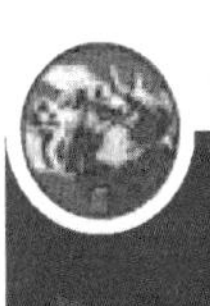

十九岁的谢胜坤在瑞金红军大学学习军事、政治、文化和业务，读了五个半月。结业后不久，先后担任团供给处主任、红一军团四师供给部科长。

长征开始时，他掌管三万银圆。银圆都用木箱装着，运输班有八匹马，还有很多挑夫；一个警卫排专门负责保卫他们。

过乌江的时候，运输队走在最后，特务躲在暗处打冷枪，谢胜坤的右肩负了伤。进了遵义城后，他带伤搞调查研究，摸清哪家是地主、富农，哪家有粮，然后找上门去动员他们出钱出粮。红军在云贵两省缴获很多银圆，谢胜坤的木箱里得到了有效的补充。

长征的时候谢胜坤看到很多老战友死了，再累也不敢坐下来，等到有饭吃的时候再说，有的累的坐下来，一坐下来就再也起不来了。

运输队的牲口有的掉到夹金山的悬崖下，有的在草地上被宰杀，到达陕北时所剩无几。搞后勤的虽然管着粮草，但是草地中他们却牺牲得最多。供给科一百零七人过草地，最后就剩十几人；警卫排到达陕北时只剩五人，挑夫逃的逃、死的死，只剩十一人。

长征路上的后勤保障是独一无二的，有了这样的经历，谢胜坤搞起后勤工作来得心应手。

红一军团四师打到了甘肃天水，当地人受国民党的欺骗宣传，在红军到来之前纷纷外逃。师首长见当地河水浑浊，无水无粮准备转移。谢胜坤带人跑了三十多个村子，找到一些穷苦人进行调查，征粮五千多担，发现水井上千口，全师官兵吃饭喝水问题迎刃而解。

国共合作抗日后，后勤工作的方法也需要变化。山西有个姓冯的大地主，当过县长，有钱有势。穷人向八路军报告了这一情况，谢胜坤找上门去，跟那个地主讲："如果支持我们，我们就会保护你。"结果那个地主给了七万大洋，这对于八路军来说无异于一个天文数字。两年之后，谢胜坤再次到了那个地主家，地主主动请他吃饭，因为八路军确实保护了他。

八路军供给由国民党第二战区负责。平型关战役后，谢胜坤通过杨立三（中华人民共和国成立后出任过总后勤部部长）从林彪那里要来十支日军步枪，把枪送给了国民党第二战区副司令长官卫立煌，于是八路军得到了增拨的一百五十箱弹药，三百万发子弹。

当时到了陕北，严重缺粮，谢胜坤问："老乡，我看你们没多少粮食，怎么就饿不死呢？"老乡说，地主老财把粮食都埋在了地下。

八路军没有盐吃，他们都是外来人，对陕北不了解。谢胜坤问老乡："你们吃的盐是怎么解决的？"老乡开始不说，后来谢胜坤通过慢慢宣传八路军性质，跟老乡搞好关系，老乡才告诉他："土里白花花的地方，说明有硝，挖下来煮就能煮出盐……"硝盐是当地的土特产，谢胜坤不仅解决了八路军的吃盐问题，还用硝盐在国民党的白区换粮食、药品、布品。后来跟国民党签订合约，允许每年用盐换取一定的物资。

谢胜坤不仅在后勤工作方面有办法，还从不贪财。时任八路军兵站部二科科长的谢胜坤，是专门和钱打交道的。那个时候，八路军从国民党那里定期领军费，曾经有个人领了五万块钱就开小差了。毛主席最信任谢胜坤，毛主席有四千块银圆的稿费，一直放在谢胜坤那里保管。

有一次，谢胜坤和战友们去参加毛主席的生日，路上他们乘坐的大卡车翻车了，谢胜坤摔断了一根肋骨。毛主席听说后托人带给他三百五十块钱的纸币以示慰问，谢胜坤用这笔钱买了一支他梦寐以求的钢笔。

谢胜坤患了严重的胃病，疼痛难忍。兵站部部长杨立三向毛主席报告要求换人。毛主席指示说："人不能换，病要治好。"并派来自己的保健医生、加拿大人马海德为谢胜坤治疗。

1940 年 2 月，谢胜坤受命率领一百五十多名干部，前往徐向前领导的山东抗日根据地。路过淮北，新四军第四师师长彭雪枫见到他之后不让他走了，向中央要求将他留下，担任师供给部部长。

当时全师经费只有四元五角六分钱，部队都在老乡家里吃派饭，师长彭雪枫甚至把自己的马卖了，可还是无法解决全师的困窘。

谢胜坤想出一个高招——征税。这对当时的共产党部队中的很多人来说，想破脑袋也想不到。当时淮北有很多盐商，他组织部队设税务所，向运盐的商人收取适当的税费，一天就收两三万元，使部队能够按照八路军规定的标准解决供给问题，彭雪枫非常高兴。

谢胜坤的爱人路慧明当时就在四师，她回忆说："刚到四师时，我把自己的衣服送给抗大的同学穿，学会征税以后，我们就可以发衣服了，有时还能发零花钱。后来我们成立了被服厂，通过进步商人到上海去进货……"

路慧明当时在司令部当文化教员、宣传干事，经常到供给部唱歌。她发现

彭雪枫

老有一个人在旁边看着自己，离得远远地坐在那里。这个人就是谢胜坤。

谢胜坤想和路慧明好，路慧明开始不太愿意，彭雪枫不断撮合他们，对路慧明说了谢胜坤的很多好话，说谢胜坤老实、忠于党、品性好等等。终于在组织的安排下他们结婚了，两人把各自的铺盖搬到一起，组织上负责请了一桌客。

1947 年 4、5 月间，国民党四十五万大军，向山东的陈毅、粟裕指挥的华东解放军推进。

当解放军对张灵甫的整编七十四师做出包围态势之时，张灵甫马上明白了解放军的意图。只要他向左或向右转进，便可与国民党军八十三师或二十五师会合，解除危险，他与这两个师都只相距

十多公里。然而，张灵甫做出了“将计就计”的决策，将部队拉上就近的孟良崮，主动让解放军来包围自己，从而使自己成为一个“钓饵”，在解放军十多万兵力围住他的同时，周边的四十多万国民党军则有了从外面反包围解放军的机会。周边几十万国民党军，近则只有十来公里，远也不过一百多公里，最多不过是一天甚至半天就可赶到。

然而，解放军不仅有三天时间猛攻，甚至撤出战场后又返回了一次，周围的国民党部队口头上应付着蒋介石，眼看着张灵甫被围攻而寸步不前。

张灵甫死后，皮定均遵照上级指示，要政治部买一口好棺材，给张灵甫穿上新军装。找不到国民党的将军服，就穿解放军的服装。要把他的脸擦洗得干干净净。政治部照办了。谢胜坤此时任六纵政治部副主任。掩埋张灵甫前，他向皮定均请示：俘虏的一个少将旅长和八个上校要求最后看一眼他们的师长张灵甫。皮定均觉得，他们的感情难能可贵，同意了。

谢胜坤主持了安葬张灵甫的仪式。一棵古树下，放着一口半人高的大棺材。棺材是买来的，花了四百元钱的大价，十分华贵。棺材旁边停放着张灵甫的尸体，已经为他穿好簇新的军装，洗过脸，伤口也修饰过了。

九个国民党将校走到担架旁边，围成半月形，跪下，全都哭了……

解放战争后期，皮定均希望谢胜坤能到自己的军里当政委，陈毅不同意，要谢胜坤留在供给部当副政委。谢胜坤发挥自己的才能，在淮海战役中筹集粮草，功不可没。

淮海战役快结束时，毛泽东曾在一个讲话里提到“我们要不断地努力，不断地前进”。谢胜坤从自己的角度理解了毛主席的话，组织力量到烟台、黄河、涡河、运河、微山湖以及淮河等地，收集渡船一千八百多艘。

解放军百万雄师准备渡过长江之时，发现国民党已经把长江两岸的大小船只都收走了。陈毅开会时宣布，毛主席已经批准我们过江，怎么过？一艘船都没有。谢胜坤这时要求发言，他站起来汇报，他提前搜集的船只可以给每个兵团分四百多艘。大家听了之后，热烈鼓掌。陈毅对谢胜坤竖着大拇指说：“你们早有预见！”陈毅说，“我还没有部署，你就组织船只，你很有先见之明啊！你怎么知道的？”谢胜坤答：“主席说还要前进嘛，再前进不就是过江了吗？”

三天以后部队出发，又三天后部队全部过江，创造了战争史上的又一个奇迹。

（本文选自《北京青年报》，有删节）

皮定均与张力雄的生死之交

文／杨力仁

皮定均（1914年—1976年），安徽金寨人，开国中将，曾任兰州军区司令员、福州军区司令员，是我军著名的英雄虎将。

张力雄，1913年出生，福建上杭人，开国少将，曾任云南省军区政委、江西省军区政委、福州军区顾问，是我军屈指可数的百岁老红军。

红色记忆

1943年，侵华日军在“扫荡”豫北和豫西的同时，采用“以华制华”的伎俩，将国民党孙殿英、庞炳勋两个军收编为伪第五方面军和第六方面军，向我抗日根据地发动疯狂进攻。八路军太行军区采取“敌进我进”的策略，命令主力部队开进伪军控制区，坚决打击敌人，解放豫北人民，建立地方政权，开辟新的抗日根据地。

时任太行军区第五分区司令员皮定均、抗日军政大学第六分校政治部主任张力雄奉命创建太行军区第七分区，开辟豫北抗日根据地，这是他俩第一次搭档共事，并从此成为生死之交。

鏖战太行　战友情深

1943年8月，八路军第一二九师一部对侵占河南林县（今林州市）县城及其以南地区的伪军发动攻势，解放了林县以南、辉县以北的广大地区。林南战役结束后，成立了太行军区第七分区和太行第七地委，辖区包括林县、辉县、获嘉、安阳、汤阴、淇县、汲县、滑县。为贯彻精兵简政原则，太行军区第七分区的领导只有司令员皮定均、政委高扬（兼地委书记）、政治部主任张力雄三人。这一年，皮定均二十九岁，张力雄三十岁。共同的理想，相似的经历，使他们

皮定均

在工作中迅速形成了合力。

太行军区第七分区成立后，始终坚持把对敌斗争摆在第一位，与日军、伪军展开了“蚕食”与反“蚕食”的激烈斗争。智取林县县城，是皮定均和张力雄指挥的经典战例。

林县驻有日军一个中队和伪军三个加强团，城外的堑壕深九尺、宽八丈，城墙高十丈，城墙四周修筑了炮楼。在缺乏重武器和攻坚经验的情况下，皮定均和张力雄反复研究，决定智取林县县城。他们大造八路军主力要攻打林县的舆论，组织部队大张旗鼓地开展攻城训练。在活捉了敌参谋长李大用后，采用蒋干盗书之计，让李大用误认为八路军要调二十个团攻打林县县城，并故意让他连夜逃回林县送消息。城里的日军、伪军听了李大用的报告后，胆战心惊，决定留下一个团守城，其余部队在黄昏时突围。我军趁敌突围之机，向县城发起猛烈攻击，以少量兵力佯动追击突围之敌，主力一举突入东门，全歼守敌。逃窜的敌人也遭到我地方武装的阻击，损失近半。

在一年多的时间里，皮定均与张力雄组织指挥大小战斗三百多次，粉碎了敌人无数次的“蚕食”“扫荡”和破坏，成功创建了有数十万人口的豫北抗日根据地。在艰苦的环境中，在残酷的战斗中，皮定均和张力雄彼此尊重，互相支持，建立了深厚的友谊。

1944 年 9 月，皮定均调任八路军豫西抗日独立支队司令员，奉命开辟豫西抗日根据地。分别之际，皮定均要把唯一的一部电话送给张力雄。张力雄知道皮定均指挥作战离不开电话，坚决不要。皮定均便以一架德国望远镜相赠，这件

1944 年 9 月，皮定均在河南省林县与太行军区第七分区和太行第七地委领导同志合影。画圈者左为皮定均，右为张力雄

张力雄

珍贵的礼物被张力雄一直珍藏。

1945年初，张力雄调任河南军区第六支队政委，皮定均担任第一支队司令员，两人又有了并肩作战的机会。同年初夏，河南军区发起伏牛山战役，皮定均任前指司令员，张力雄任政委，他们率领第三十五团和第三十七团直插伏牛山西段九道梁，先歼灭傅店的敌军，再杀回马枪，消灭龟缩在车村的敌军，最后攻打背子街。背子街是一个大土围子，四周都是明碉暗堡，工事构筑坚固。战斗打响后，第三十七团首先在城西打开一个缺口，紧接着第三十五团也从东面攻入城内。皮定均和张力雄不顾危险，冒着密集弹雨，跟随突击队冲上围墙就近指挥战斗。只用了四十多分钟就全歼敌人一个团，打了一场非常漂亮的快速歼灭战，取得了三战三捷。

1945年6月上旬，皮定均、张力雄率领三个团先攻打国民党军在豫西的最大据点——大冶镇。国民党军游击司令刘光华、国民党登封县党部书记长崔鼎甫率反动武装一千多人，凭借坚固的防御工事进行顽抗。我军围攻二十多天，仍未攻下。皮定均在战斗中负伤，张力雄再三劝说，他也不愿离开战场。直到河南军区司令员王树声下了命令，皮定均才勉强同意到后方治疗，但没过几天又重返前线。他们找来煤矿工人，挖掘地道，实施爆破，炸开寨墙，终于攻克大冶镇。

日本宣布无条件投降后，驻守登封的日军弃城向临汝、许昌逃跑。伪军趁机逃入登封城。皮定均、张力雄立即率部包围登封。战前，皮定均与张力雄在离城墙不到三百米处观察地形。突然，叭的一声枪响，张力雄仰面倒地。众人大惊，赶忙上前仔细查看，只见子弹洞穿了张力雄的草帽，人却没有受伤，大家才松了一口气。

8月23日拂晓，皮定均、张力雄指挥各团发起总攻。经过一个多小时的激战，击毙、俘虏敌两千多人，缴获机枪、步枪一千多支，解放了登封县城。

中原突围　生死离别

1945年10月，八路军第三五九旅、河南军区部队和新四军第五师在桐柏会师，成立中共中央中原局和中原军区。中原军区下辖江汉、鄂东、河南三个军区和第一、第二纵队。皮定均任第一纵队第一旅旅长，张力雄任第三旅政委，这两个旅都是中原军区的主力，均有七千多人。

1946年6月初，蒋介石发动全面内战，国民党军约二十二万人将中原军区六万多人围困在以湖北大悟宣化店为中心、

方圆不足一百公里的狭长地带。6月中旬，蒋介石调集八个整编师，组成进攻中原解放区的第一线部队，任命刘峙为总指挥。限6月22日前完成秘密包围，26日开始围攻，7月1日发起总攻击，“四十八小时内一举包围歼灭”中原军区主力。

军情似火。6月23日，中共中央急电中原局：“同意立即突围，愈快愈好，不要有任何顾虑，生存第一，胜利第一。”于是，中原军区召开紧急军事会议，决定6月26日兵分两路向西突围：中原军区司令员李先念等率北路军，经豫南向西突围；中原军区副司令员王树声等率南路军，经鄂中向西突围。

会后，中原军区副司令员王震问张力雄：“张政委，部队能不能突出去？”张力雄回答：“我们一定能够突出重围。”王震高兴地说：“你们旅长、政委有这个决心，我就放心了。”

突围前，第一纵队在泼陂河召开会议，决定第一旅进行掩护，保障主力突围时的后方安全，完成任务后，第一旅自行选择突围方向。皮定均临危受命，义无反顾，向王树声发出铿锵誓言：“请首长放心，我们坚决完成任务。”

这是在敌人重兵压境的情况下，为了确保主力部队和机关安全转移，不得已做出的决定。第一旅要以七千多人，阻击国民党军约二十二万兵力，其困难可想而知。张力雄深知此役凶多吉少，十分担忧老战友和第一旅的安全。会议结束后，大家匆匆走出会场，想到今后不知能否再见，张力雄动情地喊了一声：“皮司令！”两个人对视的瞬间都动了感情，眼含热泪，紧紧拥抱，互相勉励一定要突出重围，并在彼此的笔记本上留言：活着的要给牺牲的送花圈、开追悼会。

面对敌强我弱的不利形势，皮定均率领第一旅采用疑兵之计，调动国民党军朝着错误的方向进攻，经过连续三天的顽强阻击，终于掩护中原军区主力顺利越过平汉铁路向西突围。皮定均以第一旅和数十倍于己之敌周旋二十四天，横跨鄂豫皖三省，行程七百五十多公里，进行大小战斗二十多次，最终粉碎了敌人的围追堵截，全旅于7月下旬到达苏皖解放区，与华中军区部队会师，创造了震撼中外的中原突围成功战例。

中原突围在毛泽东心中留下了深刻的印象。1955年，人民解放军评定军衔时，毛泽东批示：“皮有功、少晋中。”开国将军中享此殊荣的仅有陈赓与皮定均两个人。

在皮定均率部阻击敌人之际，张力雄率领第三旅随南路军向西突围，先后血战平汉铁路，强渡襄河，经过近一个月的顽强战斗，部队也成功突围，进入武当山一带。

两年后，皮定均和张力雄在淮海战场重逢。再次相见时，谈到中原突围时互相在笔记本上留言一事时，两个人哈哈大笑，这是胜利者的笑声。

（本文选自中国共产党新闻网，有删节）

刘玉堤将军一次空战击落四架美军战机

文/程玉生　杨　振　卞春光

刘玉堤

刘玉堤，河北沧县人，1938年参加八路军。解放战争时期，历任飞行员、教员等职。在历次空战中，共击落敌机六架，击伤三架。荣立特等功一次，获一级战斗英雄称号，并获朝鲜民主主义人民共和国二级国旗勋章。离休前任北京军区副司令员兼军区空军司令员，中将军衔。

1951年10月23日，是一个谱写空战神话的日子。那天中午，美军出动飞机三十六批，共一百一十六架，在朝鲜平壤以北上空活动，企图袭击清川江一带的地面目标。我空军第三师二十四架米格战斗机，从八千米高空做了一百八十度的下滑转弯，向美机活动的空域扑去。当刘玉堤以闪电般的速度接近敌机时，狡猾的八架敌F-84飞机下滑高度，企图向海面上逃窜。因为我飞行员没有在海上飞行的经验，天和海都是蓝的，很容易造成错觉。但刘玉堤不慌不忙，紧紧咬住最后两架美机，一直追到海面上空。刘玉堤看了一眼在自

刘玉堤

己身后作掩护的僚机，一个俯冲直追下去。眼看就要逼近海面了，美机慌忙拉起，想转弯脱逃，可为时已晚，刘玉堤紧咬其后，在四百四十米处以猛烈的炮火，将其打得凌空开花，坠入大海。敌僚机慌不择路，恰巧将机腹暴露在刘玉堤面前。刘玉堤抓住这稍纵即逝的机会，一按炮钮，敌机立刻被打得起火了，拖着长长的浓烟，一头栽下去了。

刘玉堤打下两架敌机后，再掉头去寻找自己的僚机时，却不见了僚机的踪影，他只好单机返回战区上空。这时，他又发现了七架美军 F-84飞机在轰炸铁路运输线。刘玉堤迅速跟上后面那架敌机，他下意识地回头看了看。见后面没有敌人，正准备开炮时，在他机头下方突然冒出一架飞机，双方距离只有几米，险些撞上。美机也发现了他，加速逃跑，刘玉堤紧追不舍。美机突然猛收油门，减慢速度，企图让刘玉堤的飞机冲到前面，变被动为主动。刘玉堤轻轻一蹬舵，转到了美机的侧面。敌机诡计未能得逞，反而因减速脱离机群，慌乱之中，一个俯冲钻进了山沟，企图甩掉刘玉堤。刘玉堤紧紧咬住不放，眼看就要撞山了，敌机只好拉起来，恰巧被刘玉堤瞄准镜锁定，旋即开炮，敌机被击落。

打落美机后，刘玉堤没有恋战，立即退出攻击，驾机上升到五千米高度，准备寻找自己的队伍。这时，他在清川口上空发现五十多架正准备返航的美机在海湾上空盘旋。天赐良机！刘玉堤心中暗喜，他悄悄地降低高度，迅速向美机群的左后方接近，并跟紧后面两架敌机。当距离敌机四百米正准备开炮时，不巧被美机发现。两架敌机陡然分开，妄图各自逃命。就在这一刹那，刘玉堤一个急转弯，瞄准敌僚机，在一百五十米距离开炮，敌机凌空爆炸。黑压压的美国机群顿时炸了窝，四处散开。趁敌机惊魂未定，刘玉堤一个燕子钻云，跃上万米高空，乘势退出战区，安全返回机场降落。

（本文选自《解放军报》）

中原突围惊与险

口述／尚松亭　整理／佚　名

尚松亭，江苏省军区政治部原主任，河南偃师人，1925年9月出生，1945年11月加入中国共产党，1945年7月参加八路军。曾参加过中原突围，清江、孟良崮、临汾、晋中、解放太原、保卫西安、进军四川等战役战斗。

中原军区突围，距今已经六十多年。每当想起中原军区从被围到突围所发生的那些惊心动魄的事，尚松亭心里总会产生一阵波动。感慨，兴奋，更敬佩当年所在部队的旅长皮定均、政委徐子荣及其他首长。他们顾全大局，服从命令听指挥，上级指到哪里就打到哪里；他们坚定勇敢，机智灵活，爱护团结官兵。当年如果没有他们坚强正确的领导，这个旅到最后会成什么样，真是难以想象。

中原军区被包围

中原军区是抗战胜利后的1945年10月30日，在河南省与湖北省交界的桐柏成立的。司令员是李先念，政治委员是郑位三，共有两个纵队，六万多人。军区组建不久，党中央就指示：要东进，向苏皖解放军靠拢。军区于12月底命令部队向东开进。当部队前卫走到河南光山境内时，就接到党中央传来的国共两党在重庆谈判达成停战协定的消息。协定规定：1946年1月13日停战协定生效后，各地所有军队都必须停止一切军事行动。因此，军区部队被迫停留在东西长一百公里、南北宽约三十公里的范围内。军区司令部驻扎在宣化店，尚松亭所在的第一纵队司令部驻扎在泼陂河，第一旅是总前卫，驻扎在光山白雀园。

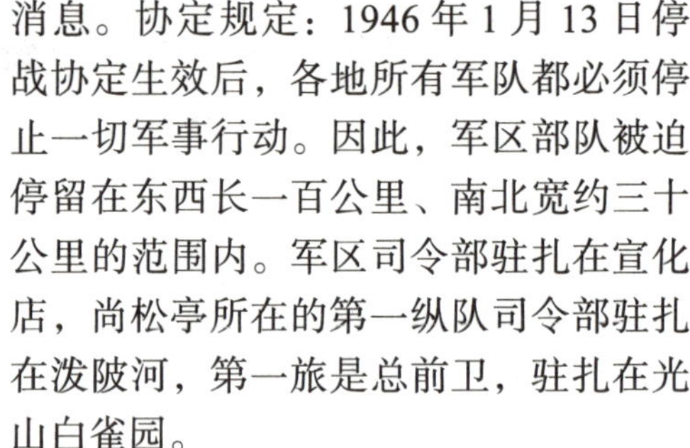

不久，国民党违背停战协定，暗中调兵，不到四个月，就调了十一个正规军，共二十六个师，约三十万兵力，全面包围中原军区。国民党军除了在军事上的逼迫，不断侵占我军地盘，还在经济上严密封锁，不准粮食、油、盐等日常生活用品进入中原军区，妄图困死中原军区部队。

临危受命

6月24日下午3时，纵队给第一旅发来急电，要旅长、政委立即到纵队接受任务。旅首长快马加鞭跑到泼陂河时，看到纵队直属单位整装待发。王树声司令员见到他们，直截了当地说，昨天党中央发来急电，蒋介石已经下令，6月26日全面总攻中原军区。党中央指示：立即突围，愈快愈好，不要有任何顾虑。生存第一，胜利第一。当晚，纵队就向西运动，为了掩护向西突围的主力部队

后方的安全，军区决定留下一支坚强有力的部队担负掩护任务。根据一旅目前驻扎位置，以及有开辟豫西抗日根据地、独立作战的经验，遂决定由一旅承担掩护任务。并要求他们千方百计迷惑敌人，让敌人在三天内摸不清主力突围的方向，等到大部队过了平汉铁路，一旅可根据当时的情况自行选择突围方向。

时间紧迫，形势紧急，旅长接受任务后立即表示：坚决服从命令，预祝主力一路顺风。他们快马加鞭返回驻地，立即派骑兵通信员通知各团团长、政委立即到旅部开会。会议一直开到深夜。经过与会人员的讨论，决定了两件大事：一是研究制定了作战计划，掩护主力向西突围；二是掩护任务完成后，一旅部队怎么办。

根据制定的掩护主力向西突围的作战计划，25 日早晨，各团就按照自己的任务进入阵地。一团在余集，面对敌四十八军和两个保安团；二团在沙窝，面对敌七十二军；三团在双轮河，面对敌四十七军和三个保安团。依托之前修筑的工事抗击敌人。同时，各团都要派出几支强有力的小分队，轮番到敌人阵地前沿去骚扰，让敌人摸不清情况。

26 日 5 时，东边的敌人开炮轰击我军阵地。可能是敌人还没弄清我军真正的突围方向，一上午地面部队也只是一些小分队，与我军的小分队交过几次火，互有进退。到了下午，敌军的攻势突然猛烈起来，有些远程炮弹落到白雀园附近。不出所料，敌人沿着潢（川）麻（城）公路和商（城）经（扶）公路猛攻我余集、沙窝、双轮河等阵地。部队依托阵地、工事，奋勇抗击，运动防御，延缓敌人前进的速度，最终胜利完成了掩护主力向西突围的光荣任务。

出奇制胜

天快黑了，旅指挥所带着旅直属单位从白雀园撤离，向西进发。这就开始执行前一天夜里旅长的研究决定，如何声东击西、实则虚之的计谋，帮助部队突围。

前一夜在讨论这个问题时很热烈，各说各的想法。徐政委一边听大家的发言，一边看地图，等大家说完了，他说：“我说一点意见。掩护任务完成后，我们虚晃一枪，向西走几十里，选个地方潜伏起来，让过敌人的先头部队，找个空隙，挥师向南，走上几十里路就能跳出敌人的包围圈，然后向东挺进。”接着参谋长张介民说：“我同意政委的意见，虚虚实实、声东击西。”紧接着副旅长方升普一边指着刘家冲地图，一边说：“如果要隐蔽，我看这里就好。刘家冲东靠潢麻公路，西临商经公路，从位置上看，敌人不易察觉；从

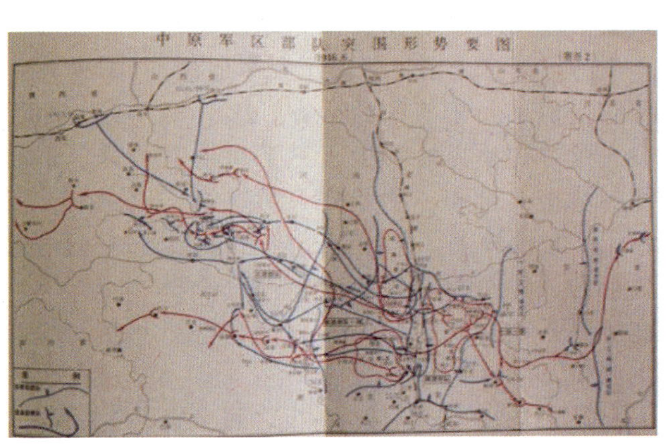

中原突围要图

地形上看，丘陵地带，树木茂密，便于隐蔽。”最后，皮旅长说：“我看就这样先定下来，天亮后，由侦察参谋带部分旅（团）侦察人员去实地察看地形。如果确实能隐蔽我全旅部队，你们可以初步划定各团和旅直属单位的隐蔽位置，设置监视观察哨位的位置。回来报告情况后，再最后确定。”旅长还提出要求，为了严格保密，各单位不准找向导，不准问路，不准生火做饭，吃自带的干粮。要尽量消除痕迹，尤其是骡马蹄印。徐政委进行政治动员时强调，为了保密，战斗打响前，会议内容只能传达到团以上干部。战斗打响后，再动员全体同志，要英勇作战，不惜一切代价，掩护主力向西突围。

刘家冲距白雀园也就二十多里，天黑后，留下几个强有力的小分队，监视并引诱敌人向西追击，大部队绕了很大的圈子来迷惑敌人，到半夜时才进入潜伏地区，设置了观察哨。27 日中午，小分队归队，休息待命。

27 日晚上，抓住敌人吃饭、休息的时机，我军兵分三路，挥师南进。到天明时已走了七八十里路，绕到了小界岭背后。小界岭在四个月以前是我军的地盘，在 4 月 25 日，国民党军新编第十三师出动三个团，侵占了我军地盘，使它变成了新十三师的后方。28 日早晨，我军在小界岭活捉了三个新十三师的情报人员和一些留守人员。旅长指示，缴枪放人，让他们归队后传话，要追的“共军”已经向东突围。希望能吸引更多的部队向东追，这也是掩护主力部队的一种手段。

就这样，声东击西，一夜之间全旅跳出了兵力十倍于我们的敌人包围圈，创造了中原突围的第一个奇迹。

延安复电

一旅越过了敌人第一道封锁线潢麻公路，雄赳赳、气昂昂地向东挺进。6 月 30 日上午，到达商城南边的瓦西坪。下一步要翻越前方一座一千九百多米的大牛山，我军准备就地休息一下。突然前面山脚下响起了枪声，一查原来是侦察部队与埋伏在半山腰的敌人打起来了，敌人是商城保安团。旅长亲自到一团对团长王城汉说：“必须像撕布一样把他们撕开，别的地方我们无路可走。”一团当即组织前卫营和侦察分队，猛打猛攻，很快就打垮了敌人。部队也不休息了，开始爬大牛山，一直到第二天早晨才翻过山，进入到安徽金寨的吴家店。吴家店是革命根据地，皮旅长和方副旅长都是金寨人，因此这里的民众对部队特别热情。村民告诉我们，附近各村都有国民党的仓库，看守的官兵已经闻风逃散了，周边几个县也没有国民党的军队。这是一个特大喜事，大家连续行军已经很疲倦，旅长下令在此休整三天。

这三天中，所有单位都到粮仓里领粮食，除了留一部分吃，其余的拿到老百姓家里换猪，杀猪吃肉改善生活。大家又拆了麻袋，用麻绳编单鞋。吃穿都有很大改善，部队里一片欢声笑语。

部队到了吴家店，就架起电台和纵队、军区联络，一直呼叫都没有回应。最后，直接向延安呼叫。没等多久，延安回电了，连发三遍：关机，快走，快走，快走。旅长看到电报，激动得抹眼泪。徐政委说：“中央英明。我们一个旅在大别山深处收到党中央的指示，这‘关机，快走’是最正确的指示，也是对我们最大的信任。”旅长告诉作战科

毛泽东接见从中原突围后回到延安的部分官兵

这是中原突围后十三旅一部到达延安时的留影

科长："通知各单位，我们联络到了党中央，中央指示我们快走，要传达到每个干部战士。"接着他看看手表说，"通知各单位下午3时出发，明天早晨到霍邱漫水河。"

7月7日下午3时，部队踏上征途。经过抢占青枫岭的战斗，于12日进入到霍山的磨子潭。为了摸清敌人的情况，旅长在镇政府用安徽口音向霍山县政府打了一个电话："不好了，听说共产党大队人马来了，我们怎么办？"对方回答，四十八军已派出部队来截击，午夜便可到磨子潭。四十八军正在岳西、舒城、潜山等布防，意图阻止我军越过大别山。

因为正值雨季，磨子潭邻近的淠河水位很高，部队派出侦察队和三团一营先渡河到对岸监视敌情。我军得知敌情后，立即派一团、三团剩余队伍迅速渡河。此时天已黑了，敌四十八军的一个团已到达淠河对岸，与我先行部队交火。旅部和二团此时不顾一切地渡河。渡河后，立即九十度大转弯向北急进，冲破了敌人的堵击。当天下午，部队到达了大别山出口处的毛坦厂。

皖中飞兵

要进入苏皖解放区，必须通过皖中平原。特别是要穿过六（安）合（肥）公路、合（肥）叶（集）公路、津浦铁路。要从西边绕到北边，绕过半个合肥城，近距离也有四五十公里。这可是一项最艰苦、最危险的任务。为了夺取最后的胜利，部队做了充分的准备。

旅部在毛坦厂召开紧急会议，要求部队进一步轻装，烧了机关文件，扔了炊事工具。每个干部、战士，除枪支弹药和身上的衣服，其他都扔了；进一步缩减机关，大部分机关人员分散编入到连队。并要求不宿营、不做饭，以最快的速度在五天内通过皖中平原。侦察队走在最前面，查明敌情，选好道路。全旅兵分三路，缩短行军距离，还要边走边打。一团在右路，靠近合肥；二团在左路，靠近六安；三团和旅直属单位走中路。

7月13日夜，部队走出大别山，以每昼夜七八十公里的速度向敌人心脏地区挺进。15日拂晓，中路的三团前卫进入六合公路上官亭镇公所，驻守的民团一百多人还在睡觉，全部被俘。

进军途中吃饭问题怎么解决呢？下山之前就确定，到农民家中"借饭"。一日三餐，在没有敌情的情况下，到路边农民家中"借饭"，有钱的按人头给钱，没钱的按人头开借条，胜利后还账。休息问题就简单了，如果没有敌情，夜里就在路上稍歇一会。

在过合叶公路时，侦察队带来四名老乡，说是淮南党委要他们来见部队最高首长的。旅长问清楚后，才知道一个月前上级就告诉他们，中原突围的部队可能路过这里，你们要提供一切帮助。这真是雪中送炭！旅长说别的都不需要，只需要找向导带路，告诉我们从哪里通过津浦路。这样，在中共淮南局的大力帮助下，部队在7月18日中午到达定远红心铺。

最后一关：突破津浦铁路

一个月前，定远是华中军区第二分区的解放区，为了集中兵力作战，二分区部队调往苏中地区。地方的党政干部也跟随部队转移，还有一些地下组织留在原地，在敌占区活动。根据地下组织提供的情报，敌人已经侦察清楚了部队

的行动方向，做好了在津浦铁路上截击的准备。在南边的滁县、北边的嘉山调集了两辆铁甲火车，作战部队已经登车待发。只要沿途的火车站发现我军，立即前往截击。同时，在滁县、明光、嘉山等地还集结了步兵。旅长根据敌情与一些熟悉地形的地方同志共同研究在哪里突围。最后商定，津浦铁路的山界与张八岭两个车站之间，铁路两边是小河沟，路上不会有敌军阻挡，在此突围就能最快进入解放区。

为了缩短突围时间，行军方案再次调整：各个团都可以分成两三路纵队，压缩纵队长度，尽量缩短行军距离和时间。经过下午的休整，天黑后部队开始出发。到夜里一两点钟行进至铁路边上，并急速冲过铁路。正在此时，滁县的铁甲火车开着探照灯开过来了。虽然我军在山界南边的铁轨上埋设了爆炸点，但由于炸药过少，没有炸断铁轨，火车稍作停留后又继续出发了。此时一团正过铁路，火车一下子冲到了队伍中间。有人喊道："开打！不能让敌人下车！打掉探照灯！"已经过了铁路的部队闻声返回支援，探照灯全部被打灭，敌人也不敢开门，开门也没有站台可以下车，外面又是密集的枪弹。十多分钟后，火车慢慢向北开走了。部队趁机冲过铁路。

过了铁路，根据向导的指路，我军向盱眙进发。我们看到山头上有人往部队方向看，并没有开枪，猜想是自己人，便派出侦察人员前去联络。原来是新四军淮南支队的同志，奉命迎接突围部队。淮南支队的同志在山头上大喊："同志们，你们到家了！赶紧走，后面的敌人我们来对付。"干部、战士一听都高兴万分，一边走一边笑。7 月 21 日，旅部到盱眙仇集镇休息。得知华中军区领导机关在淮安，休整半天后，旅部派副旅长方升普带几个参谋坐船到淮安，向领导汇报：中原军区第一纵队第一旅已突围。至此，从 6 月 26 日晚开始，走了二十六天，大小战斗二十五次，行程一千五百多华里。原有七千多人，伤亡、掉队两千多人，现有五千多人，旅建制完整。华中军区政委滕代远听完汇报后，很兴奋，直叫好，并带着汇报人员见了美国记者史沫特莱，他也惊呼："祝贺你们，我一定把胜利突围的消息传到全世界。"

（本文选自新华网）

风水村的歼灭战

口述／王天顺　整理／周成辉

一年冬天，我们歙县的侦察员了解到一个叫风水村的地方，驻扎了国民党两个中队，有五六十人。分析了敌我形势后，我们决定打一场歼灭战，鼓舞一下军民的斗志，也给敌人一个教训。

那天晚上，寒风刺骨，天空飘着零星的雪花，天黑得伸手不见五指，偶尔还传来几声狼嚎。我们在熟悉的山道上悄无声息地行进。对我们来说，这些山间小道就是最开阔的光明大道，更何况我们走惯了夜路，闭着眼睛也知道哪里高哪里低，哪里拐弯哪里是悬崖。进村后，党员和群众带领我们沿着一条隐秘的巷道推进，村子里出奇地静，连平日见人就吠的狗，看到我们，不但不叫反而摇尾巴。前哨来报告，敌人住在两座房屋里，已经就寝。根据敌情，我们兵分几路向敌人的居住点包抄。形成包围圈后，我们开始向敌人喊话，要求他们投降。敌人仗着有精良的武器，拒不投降，从房子里向我们开火，还有的妄图突围出来，结果出来一个，被我们击毙一个。敌我进行激烈的枪战，这种态势对我们是不利的，如果敌人的援兵来了，我们将无功而返。于是，我们决定采取火攻，尽快结束战斗。我们烧着了一座房子，火势越来越猛，房子里的敌人渐渐招架不住了，纷纷从窗口抛下武器，主动投降。另一座房屋里的敌人仍在负隅顽抗，我们借着火光冲进房子，楼下的敌人有的被当场击毙，有的爬上了二楼，做最后的挣扎。我们英勇无畏的战友，冲向二楼，打得敌人哭爹叫娘。

面对我们的强大攻势，大部分敌人都举手投降了，我们将俘虏全部集中在一起，一共四十多个。这时，一个群众走向一个身穿破棉袄、破棉裤的俘虏，说：“你怎么穿我的衣服，快脱下来还我！”原来这个俘虏在激战中准备冒充老百姓逃跑，在这个群众家的箱柜里翻出了这套衣服，但是这套衣服穿在他身上实在不配，这个家伙长得白白净净、细皮嫩肉，光亮的额头上还有一道深深的印痕，显然是长期戴军帽的结果。他脱下衣服后，光着身子拔腿就跑，才跑几步远，就被我们的战友一枪击毙。这时，有俘虏拍手大笑，说：“这个人是分队长。”看样子，敌人士兵之间、上下级之间并没有什么感情可言。

这次战斗缴获了两挺机枪和一些轻重武器，战利品非常丰厚，而我们的伤亡很小，仅营指导员老肖的脚被打伤了。我们的队伍在群众的热烈欢送中凯旋。

（本文由旌德县新四军历史研究会供稿）

新开岭战役
——蒋军“千里驹”师的覆灭

文/管　飞

1946年秋，东北大地在经过了短暂的平静之后，硝烟再起。

10月，时任国民党军东北保安司令长官的杜聿明，精心策划了一个“南攻北守，先南后北”的战略，妄图先集中优势兵力控制南满，待解除后顾之忧后，再倾力北上，以求一战而定东北天下。

10月19日，杜聿明集中了五十二军、新六军和七十一军第九师、新一军新三十师等八个师、十万余人的强大兵力，于20日气势汹汹地兵分三路向我根据地扑来。当时，在南满地区坚持内线作战的我军仅有三纵和四纵。敌人来势汹汹，我军并不与敌人作正面较量，而是且战且退，在运动中耐心寻找战机。国民党军见我军一路“败”退，遂大胆起来，狂妄地叫嚣要将南满我军“逼上长白山啃树皮，挤进鸭绿江喝凉水”。

在敌人的三路攻击部队中，尤以中路的五十二军二十五师行动最迅速，威胁也最大。在国民党军队中，二十五师虽不如“五大主力”实力强，但是极负盛名，并因擅在作战中大胆机动、迂回穿插而被誉为“千里驹”师。抗战前，在所有曾与红军作过战的国民党部队中，该师可说是“战绩”最大。1936年红军渡河东征时，就是由于受到关麟征所率第二十五师阻击，被迫退回陕北。同年10月底，红四方面军主力渡黄河西征，二十五师抢占了渡口，将红四方面军主力一切为二，渡过黄河的一半兵力组成西路军。陕北根据地的创始人刘志丹也是在与该师的作战中阵亡的。抗战爆发后，二十五师扩编为五十二军，关麟征任军长。该军在抗战初期打出了声威，尤其在台儿庄战役中重挫日军。

新开岭战役纪念碑

日军曾对五十二军有过这样的评价：“关麟征的一个军应视为普通中国军队的十个军。”

这次进攻南满我军，“千里驹”师一路跑在前面，孤军冒进。师长李正谊长得身材威猛，方面大耳，一张大麻脸杀气腾腾，人称“李大麻子”。他仗着全师拥有美式装备、训练有素，根本没把我军放在眼里。

我四纵司令员胡奇才当机立断，决心首先打掉这个骄狂的“千里驹”师。方略既定，四纵主力开始秘密向新开岭集结，另以一部兵力与敌保持接触，节节抗击，且战且走，诱敌深入。此时，国民党军刚刚占领安东，一时间得意忘形，错误地认为，我军辽东半岛兵力空虚，无法阻挡他们的进攻，从而导致向东溃退。于是“千里驹”师大胆追击，向东进犯。

30日下午3时许，只见从西北蜿蜒而来的公路山道上尘土飞扬，汽车、装甲车隆隆作响。二十五师的先头部队开始进入我预定战场——新开岭叆阳边门。新开岭是位于宽甸以西约三十五公里的一条东西走向的袋形谷地，两边高山屹立，中间一条河和一条宽（甸）赛（马）公路穿越其间。当地人戏谑说，这里的地形像个马圈，“千里驹”进了“马圈”，只能是死路一条。

正当大队敌人踌躇满志地进到叆阳边门时，突然遭到迎头一阵炮击。成串的炮弹呼啸着飞过，在行进的敌军队列中爆炸。敌军不得不散向公路两侧，队伍大乱。这突如其来的炮弹，不仅打蒙了敌军，也让我潜伏部队大惑不解。战后才知道，这是在叆阳边门东高地的四纵炮兵团干的。由于该团提前进入阵地，而前沿又无大部队警戒，他们一见大队敌人奔来，便以榴霰弹迎头痛击。谁也不曾料到，这一通有违令之嫌的炮击，竟然产生了意想不到的效果。我军大炮一响，立即引起了李正谊的警觉。他根据多年的经验判断，哪里有大炮哪里必然有我军主力。但这和此前所得到的情报有很大差别，为此，李正谊不得不停在原地查明情况，并请示杜聿明。

胡奇才

而就在他犹疑不决之时，我四纵主力八个团已完成对其包围之势。

夜幕降临，敌人的厄运也随之降临。

31日晚，新开岭战役全面打响。我军集中主力，以猛烈火力向敌军发动攻击。“千里驹”师四面被围，山谷两侧的高地上杀声震天，直到此时，李正谊才发现形势不妙。但“千里驹”师毕竟是久经沙场，李正谊很快醒过神，开始组织部队反击。他知道，只要夺取山谷两侧的制高点，他和他的“千里驹”师就会避免灭顶之灾。

战至天明，二十五师以损失近千人的代价，为自己获取了一个喘息之机。李正谊抓住我军防守中的一个漏洞拼命突击，终于攻占了可以俯瞰整个战区的制高点—老爷山。暂时的得意，令李正谊的骄横之气再度燃起。面对杜聿明的无线电询问，李正谊狂妄地坚持“只要弹药，不要援军”。

老爷山一失，整个战场态势立刻发生了逆转。“千里驹”师居高临下，利用一些当年日本人修筑的碉堡、堑壕和工事，以及手中的美制武器，拼命抗击我军的攻击。争夺老爷山，成为整个战役的关键。接下来的时间里，我军不仅打得狠，也打得苦。我军第十师第二十八团连续攻击九次，全部失利。与此同时，不利消息传来：东北战场上的国民党又一支凶悍的王牌师——新二十二师快速来援，距离新开岭战场已不足一天的行程。

客观地说，以我四纵当时的实力，要想顶住当时国民党两个王牌师的合力攻击是不可能的。打还是撤？关键时刻，几位纵队领导一碰头：敌人狠，我们要比敌人更狠；我们苦，敌人比我们更苦。他们决定集中炮火，抢在敌人援军到达之前，彻底收拾“千里驹”这匹“烈马”。

预备队全部集中起来，几位纵队领导下到师，师长下到团，主攻团团长、政委亲自带突击队，参谋长带尖刀排，全军气势如虹，杀声震天。我军的炮兵集中炮火猛轰老爷山，炮弹打中了敌师部附近的汽车，到处是烈火浓烟，人员、牲口、车辆乱冲乱撞。我军投入总预备队向敌军展开进攻，一举将敌三千人的反冲击队击溃，打掉了敌师部指挥系统，夺下了老爷山。至此，“千里驹”师被全歼的命运已无可避免。

李正谊见大势已去，命令他的副官处长王凤鸣上前线督战，“杀身成仁”坚守阵地；自己却匆匆忙忙换上士兵服装，坐上吉普车逃走。公路上一群群号哭嚷的敌军伤兵挡住了吉普车的去路，李正

新开岭战役中被俘的国民党军官兵，左一为“千里驹”师师长李正谊

谊大喊:“增援来了，弟兄们，公路两旁卧倒！”骗得大家都趴到两旁，他的吉普车却加足马力冲了过去。李正谊逃跑了，副师长段培德和副官处长王凤鸣因为换装赶不上吉普车，气得在后面边追边骂。李正谊的吉普车刚开出不远，司机就被我阻击部队打死，汽车翻到了沟里。李正谊下车想跑，左腿中了一枪。当我军战士端着枪冲上去的时候，他脸上的大麻子都吓得发紫了。

新开岭战役，在整个解放战争中，只是一场小仗。然而，解放战争刚刚开始，便在东北战场上一口吃掉国民党美械装备的一个师，这在我军历史上还是第一次。延安《解放日报》为此发表社论称：这是对国民党进犯者的“一个沉重的歼灭性打击”。11 月 3 日，毛泽东主席和中共中央起草致萧华电，庆祝南满我军歼灭敌人一个师的大胜利。

此役歼敌二十五师八千多人，俘虏少将师长李正谊以下五千余人，缴获步枪、机枪、冲锋枪、短枪等共两千八百八十七支（挺），山炮、迫击炮、机关炮、速射炮等一百一十七门，汽车三辆，装甲车四辆，电台十三部，各种弹药一百余万发。

战后，国民党军重建了二十五师，但再也无人称其为“千里驹”师了。

（本文选自《解放军报》）

西风嘴子伏击战

——东北抗联首次击毙日军少将

文／朱姝璇

1938年初，日伪军开始对活动在饶河、虎林、抚远等地的东北抗联第七军进行疯狂“讨伐”，企图压缩我抗日游击根据地。而第七军采取灵活机动的游击战术，巧妙与敌周旋，相机歼敌，有力地粉碎了日军的“讨伐”恶行。

7月，为协助驻饶河大顶子山后佛寿宫两名伪军士兵哗变，第七军派出几名战士打入该地伪军，里应外合，一举攻克佛寿宫。此战，共缴获轻机枪两挺、马枪六十六支、子弹一万余发及大量物资。8月，第七军利用缴获的武器在小别拉坑密营成立了少年连，下辖两个排，共四十余人，直属军部。其成员年龄最大的十八岁，最小的仅有十三岁，是名副其实的“娃娃兵”。

9月26日，第七军接到地下联络员朴永山送来的情报，获悉日军一名高级军官将由抚远乘船顺乌苏里江南下至饶河境内的小佳河，前来视察“集团部落”建设情况。此时，部队主力远在同江、抚远、富锦、虎林一带，军部密营设在老鹰沟，驻地仅有军部直辖警卫连和少年连。接到这一情报后，第七军代理军长崔石泉和从同江返回军部汇报工作的第一师副师长姜克智立即召开会议，决定由姜克智任总指挥，率领军部警卫连，在挠力河畔的西风嘴子伏击该股日军。部队指战员得知将要执行伏击任务后十分兴奋，少年连更是主动请缨。本着锻炼部队的原则，军部最后决定以警卫连战士为主力，吸收部分少年连成员，组成一支精干的队伍，参加此次伏击战。

西风嘴子其实是一个小山包，位于饶河县挠力河下游，东西宽四百多米，北接挠力河，西临蛤蟆河，南接完达山余脉，是挠力河主航道的必经之路。其所接河段挠力河为乌苏里江左岸较大的支流之一，流经三江平原腹地。它的河道狭窄、九曲回肠，有的河段几乎变成“之”字形，河岸两侧丛林茂密、草木苍翠，是打伏击战的理想地段。

时不我待。第七军代理军长崔石泉、第一师副师长姜克智立即率军部警卫连及少年连一部，在密林中急行军二十多公里，连夜赶到目的地西风嘴子。当地渔民却告诉他们，日军已乘汽艇溯流而上。鉴于这种情况，部队迅速选择有利地形，在北山头和两侧山坡构筑工事、挖好掩体，拟在日军返回时进行伏击。

原来，这名所谓的“日军高级官员”就是日军少将日野武雄。日野武雄曾参加过日俄战争，九一八事变后在伪满洲国军政部任职。1932 年，曾组建“游击讨匪队”，残酷镇压抗日武装。而后，任日军骑兵少校，疯狂“讨伐”东北磐石、桦甸、敦化、安图等地的抗日武装，双手沾满了抗日志士的鲜血。1938 年 5 月，他因“剿匪有功”，晋升少将。

9 月 27 日，日野武雄带领三十九名官兵，乘汽艇沿挠力河而上，经西丰、小佳河和大佳河，视察设在附近的“集团部落”。“集团部落”是日军关东军推行治安肃正计划的一项重要内容，其目的是切断人民群众与抗日武装的联系，严格控制民众，防止抗日武装力量扩大。“集团部落”四周掘沟注水，沟旁修筑高墙，墙外围设铁丝网，四角筑有炮楼，安插警察、特务监视，部落只设一个出入口，进出均要出示居住证明并搜身检查。在“部落”中央，日伪军设有军警派出所和村公所，用以监视群众和胁迫群众参加反动组织协会。“部落”的住户少则三五十户，多则百户，都是在日伪军的暴力手段下，被迫离开世代耕种的土地与家园，迁居到这里的村民。而原有村庄皆被日伪军焚毁，拒迁居民皆被杀害。据统计，至 1937 年，全东北因“集团部落”而受害的人数达五百万人。

28 日，日野武雄视察完毕后，乘坐汽艇由小佳河驶入挠力河，准备经乌苏里江返回抚远。汽艇一路畅通无阻，直奔西风嘴子而来。10 时左右，汽艇“嗡嗡”的马达声由远而近，彻夜未眠的东北抗联将士顿时倦意全无，立刻做好伏击准备。此时，毫无察觉的日野武雄正站在汽艇的甲板上，手举望远镜巡视四周。警卫连和少年连指战员的枪口则紧紧瞄准敌人，随着汽艇的前行而缓缓移动。当汽艇距离伏击阵地仅几十米时，姜克智副师长一声令下：“打！”警卫连和少年连向汽艇猛烈射击。一时间枪声大作，子弹如雨，日野武雄和几名随从当场毙命。日军顿时大乱，仓皇应战。随后，日军舵手也被击毙，汽艇搁浅，还击声渐渐停止。战士们用枪对准汽艇，高呼：“缴枪不杀！”四周一片静谧。机枪继续扫射后，姜克智下令停止射击。战士们再次高呼“缴枪不杀”后，仍未得到回应，便由两名战士借一艘渔船，划船径直登上汽艇，只见船舱内外敌尸遍地。两名战士风趣地描述道：“光有睡觉的，可没有喘气的。”随后，姜克智和战士们一起登艇打扫了战场，一名战士还将写有“警告小鬼子，这就是日本侵略者的下场”的纸条贴在了舵楼上。整个伏击战仅耗时几十分钟，便胜利结束。战后，第七军警卫连和少年连迅速撤离战场，绕道安全返回军部密营。

西风嘴子伏击战，全歼日军少将日野武雄等三十九人，缴获轻机枪一挺、

步枪二十七支、子弹四千余发、望远镜一副。此战，东北抗联第七军创造了以零伤亡全歼日军的辉煌战绩，是1938年第二路军取得的重大战果之一。日野武雄也成为东北抗联成立以来被击毙的第一个日军少将。日野武雄的毙命给予日军很大震动。日军随后在10月2日的伪满《大同报》上哀叹道："满洲国防将星陨落了一个。"与之相反，此战极大地鼓舞了当地民众的抗日热情，东北抗联第七军是"天兵天将"神出鬼没、英勇抗日的事迹，迅速在北满大地上广为传颂。

（本文选自《解放军报》）

大战羊山：刘邓大军千里跃进大别山前的最后一战

文／王贞勤

“狼山战捷复羊山，炮火雷鸣烟雾间。千万居民齐拍手，欣看子弟夺城关。”这是刘伯承在解放战争期间写的一首著名诗篇。刘伯承在诗中提到的“羊山”，指的是著名的羊山战役。此役是刘邓大军从鲁西南千里跃进大别山前的最后一场恶战，虽然此战“是我们打得最苦的一仗！阵亡的战士最多！”（刘邓大军二纵司令员陈再道语），但最终还是取得了完胜，全歼国民党军整编六十六师两万三千人，俘虏了该师中将师长宋瑞珂。此战结束后，刘邓大军挥戈南进大别山，直捣国民党统治的核心地区，标志着中国人民解放军由战略防御转入战略进攻的正式开始。

刘邓大军围羊山

1947 年 6 月 30 日晚，在黄河北岸，随着一声号令，刘邓大军（晋冀鲁豫野战军）按中共中央和毛泽东的战略构想和部署，出敌不意，势如破竹，一举突破了国民党军自以为可抵四十万大军的“黄河防线”，进入鲁西南，揭开了人民解放军千里跃进大别山的序幕。蒋介石大呼“不好”，觉察出解放军有借由鲁西南“南犯”、在他的统治核心地区“钉钉子”的战略意图，急忙调王敬久率第二兵团的整编三十二师、整编六十六师、整编七十师（均为军的编制）等重兵云集鲁西南，欲消灭刘邓大军或迫使他们退回黄河以北。

刘伯承和邓小平心中明白，如果不在此地将这些围堵之敌消灭，挺进大别山将成为一句空话，于是发起鲁西南战役。自 7 月 2 日起，刘邓大军先后进行

了郓城之战、菏泽之战、定陶之战、巨野独山集之战、六营集之战等战斗，并取得节节胜利。至7月中旬，王敬久的整编三十二师和整编七十师已被全歼，唯有最精锐的整编六十六师还未“伤筋动骨”。

整编六十六师师长宋瑞珂，是地道的山东青岛市人。少时因家境困难，没读几年书就辍学进工厂当学徒工，后经人举荐考入黄埔军校三期，毕业后留校任内务长官。北伐开始后，他几次打报告请求参加北伐军，学校不允。他说动了校医，开了张“患肺病”的证明递了上去。学校教育长知道这是一纸假证明，但终被他感动，批准了他的请求。

当时，陈诚是北伐军筹备处主任，他很赏识宋瑞珂的精明和热忱，说：“把他留在我这里。”从此，宋瑞珂便一直追随陈诚，成了“土木系”的中坚骨干。1944年8月，年仅三十六岁的宋瑞珂就因抗战有功成为第六十六军中将军长，属国民党军少壮派里的佼佼者，前程无量。抗战胜利后，第六十六军改编为整编六十六师，宋瑞珂继续任整编六十六师师长。该师系蒋介石的黄埔嫡系精锐，配置一流的武器装备，和张灵甫的整编七十四师比起来，除编制配额略少外，装备和战斗力一点也不逊色。

蒋介石在1946年6月撕毁“双十停战协定”，内战全面爆发后，宋瑞珂积极追随蒋介石的内战路线，多次率部进攻解放区。在鲁西南战场，宋瑞珂屡屡同刘邓大军“过招”，虽没有占到多少便宜，但也没有受到多大的损失。他眼见刘邓大军越战越勇，“兄弟”部队接连被“报销”，清楚自己孤掌难鸣，只好退守羊山。随后，刘邓大军对羊山形成了合围。

羊山是山东金乡城西北三十里处的一座海拔四百多米的小山，山脚下是羊山集，有居民千余户。羊山有三个突出山峰，远处望去，犹如一只绵羊卧在那里，羊山由此而得名。居民称东峰为“羊头”，中峰为“羊身”，西峰为“羊尾”，羊身高于羊头和羊尾，能瞰制整个羊山和羊山集。

鲁西南地处平原，险要之地不多，羊山却是个例外。羊山自古便是屯兵据守之地，它的周围至今还完好地保留着明末时期的寨墙，寨墙外面，东、南、西三面有丈余深的水壕，这是侵华日军、汉奸队盘踞时留下的。整编第六十六师开进羊山集后，又在寨墙、水壕之间加筑了一道坚固的工事。宋瑞珂是个有战术眼光的人，他巧妙地利用羊山的“羊身”“羊头”制高点，与山下集镇的民房构成核心阵地，隐蔽工事一层又一层，像个铁桶，易守难攻。

此时，第二兵团司令长官王敬久见自己的整编三十二师和整编七十师已全军覆没，最精锐的整编六十六师又被刘邓大军围在羊山，他清楚该师是蒋介石和陈诚的“心肝宝贝”，唯恐有个闪失无法向蒋介石和陈诚交代，便命令宋瑞珂突围。

宋瑞珂没有理会他，他在“羊背”一座居高而又隐蔽的石屋里拿着望远镜四下眺望，很冷静地对部下说：“共军善打运动战，说不定已在突围路上给我们设好了‘口袋’，我们不上这个当。我们据险而守，以静制动，也许还有几分胜算！再说，有我们‘钉’在这里，刘伯承就不敢南窜！”

强攻三次均失利

1947年7月13日，刘邓大军扫除了羊山外围阵地后，当天就组织重兵攻打羊山。刘伯承和邓小平非常清楚，宋瑞珂是国民党军队中一流的军事人才，他和整编六十六师又经过抗战的“洗礼”，曾多次重创日军，因此一开始就没敢掉以轻心，决定拿出陈再道的二纵和陈锡联的三纵两支精锐主力作为主攻部队，二纵攻“羊尾”，三纵攻“羊头”，东西两路同时向羊山发起攻击，其余纵队作为打援和预备部队部署在羊山周围。

战斗打响后，二纵和三纵的战士们勇猛地往上冲，然而，整编六十六师部署在“羊头”“羊背”“羊尾”和羊山集制高点的守军配合得相当好，首尾呼应，火力从四面八方一齐压过来。攻山部队前进受阻，在付出重大伤亡后，仍然无法往前突破半步，于7月14日拂晓被迫撤出战斗。

刘邓大军首次进攻受挫，宋瑞珂变得有些得意扬扬，发电向南京“表功”。蒋介石知晓后十分高兴，给宋瑞珂发来祝捷电报：“屹立羊山集的是宋将军，稳住鲁西南局势的也只有宋将军。”

紧接着，二纵和三纵对兵力火力重新做了调整和部署，于17日晚再次发起攻击。三纵八旅二十二团主攻“羊头”，他们在炮火的掩护下发动人海战术，终于攻上“羊头”，但“羊头”石坚土少，一时无法构筑工事，天一亮，全团兵力便暴露在山上守军的火力之下，伤亡很大，无法立足，只好又撤出战斗。二纵的十九团主攻“羊尾”，情况与三纵相似，虽然攻上了“羊尾”，但天亮后遭到整编六十六师居高临下的炮火轰击，伤亡太大，也不得不撤出战斗。

7月19日，刘邓大军投入了三个纵队的兵力，第三次向羊山压过来。由于自14日开始连下大雨，羊山脚下已成了一片沼泽地，水壕水深超过两米，攻山的道路很滑，再加上整编六十六师阻击的枪炮密集得像一堵墙。攻山部队再次受挫，有十几个旅团干部负了伤。7月20日天亮前，刘伯承命令部队再次撤出战斗。

羊山这座小山头上的恶战，同时牵动着国共两个最高统帅的心。自羊山战役打响之后，蒋介石就不断催促陆军总司令顾祝同调集重兵驰援羊山。然而，由于国民党此时的兵力已经捉襟见肘，再加上各路援军唯恐钻进刘邓大军围点打援的“口袋”，大多行动迟缓，个别不睁眼的“急先锋”一到羊山脚下就被刘邓大军的打援部队消灭了。7月19日，心急火燎的蒋介石飞临河南开封，亲自督促部队驰援羊山。

与此同时，中共中央和毛泽东主席也在日夜关注着羊山的战局。7月23日，毛泽东再次从陕北发来电报：“刘、邓对羊山集、济宁两点之敌，判断确有迅速攻歼把握，则攻歼之，否则立即集中全军休整十天左右……直出大别山……”同时，毛泽东为了策应刘邓大军，还要求陈毅领导的华东野战军和陈赓、谢富治集团配合刘邓大军向中原推进，共同实施战略进攻的任务，并命令陈谢兵团挺进豫西后归刘邓指挥。毛泽东的这一战略部署，使蒋介石陷入顾此失彼的困境，大大减轻了刘邓大军攻克羊山的压力。

正处于鏖战中的刘伯承、邓小平对毛主席的战略意图心领神会，但是他们也深深感到，攻不下羊山，要走好下一

指挥鲁西南战役时的刘伯承、邓小平

羊山革命烈士纪念塔前的刘伯承、邓小平塑像

步棋也不容易。他们认为，各路援敌尚在行进途中，完全有迅速消灭羊山守敌的把握。这次如果不把整编六十六师歼灭，“打蛇不死，必被蛇咬”，我军随后的南进一定会遭到该部的疯狂追击，其他人并不足虑，该敌才是“心腹大患”。

权衡再三，刘伯承和邓小平决定按原计划行事。邓小平坚定地说：“攻羊山的部队不能后撤！”刘伯承鼓励将士们说：“蒋介石送上来的肥肉，我们不能放下筷子！”“别看有蒋介石在开封亲自坐镇，我们也一定会啃下这块硬骨头。”接着，刘邓调整了作战部署，加强炮火，并使兵力上达到了10∶3的优势。

“欣看子弟夺城关”

部署完毕后，刘伯承和邓小平立即亲临羊山集前线，向指战员传达了毛主席和中央军委的指示精神，并指示陈锡联、陈再道：“不能疏忽大意，更不能急躁。”命令他们要亲自到前沿察看地形，仔细分析为什么攻不下来，并与指战员一起研究新的打法，尽快把整编六十六师消灭。

二纵司令员陈再道总结了前三次攻山的得失后，向刘邓建议，二纵和三纵最好能统一指挥。刘邓商量了一下，接受了这一建议，将三纵也交予陈再道临时指挥。陈再道当场立下军令状：“下次如果不能活捉宋瑞珂，我就解甲归田。”

刘伯承和邓小平决定，7月26日对羊山发动总攻。没想到7月25日夜里又下起大雨，直到26日天明还没有停歇的意思，壕沟里灌满了雨水，掩体工事被冲垮，这天的总攻计划无法实施，只好推迟到27日。

7月27日天一破晓，满天云霞，火红的太阳从东方升起，将数日的阴霾一扫而尽。下午6时30分，一颗信号弹腾空而起。刘邓大军的炮兵阵地首先“发言”了，一颗颗炮弹飞向羊山。炮击进行了四十分钟后，刘邓大军的攻山部队突破了整编六十六师的一道道强固防线，如海啸般从四面八方向羊山山顶涌来。整编六十六师拼命顽抗，攻山战士一排排倒下，后面的又一批批冲上去，每前进一步都要付出惨痛的代价。

27日晚12时，“羊腰”等制高点被刘邓大军占领，宋瑞珂仍在垂死挣扎，多次进行反扑，妄想夺回“羊腰”，但均被打退。刘邓大军在山峰上居高临下，火力网控制了山坡和羊山集，把整编六十六师分割包围。但整编六十六师仍然十分顽强，双方短兵相接，互不相让，反复争夺，激烈到白热化程度。整整一夜，山上山下战火通明，枪炮声、喊杀声震天。

宋瑞珂之所以坚持固守，是希望等到援军。在这之前几个小时，蒋介石还派飞机投来他的亲笔信。信中写道：“羊山苦战，中正闻之忧心如焚。望吾弟转告部下官兵暨诸同志，目前虽处于危机之时，亦应固守到底，援军日驰夜骋，不时即到，希弟信赖上帝庇佑，争取最后五分钟之胜利。”

宋瑞珂对援军望眼欲穿，而援军大都在隔岸观火。王仲廉部7月25日明明已经到了距羊山仅仅一百多里的定陶冉固集，但他怕钻进刘伯承的“口袋阵”，部队缓慢行进，每天只走十里，直到羊山快失守了还没有见到他们的踪影。援军王敬久部也近在咫尺，但除了一次次欺骗的电告，并不肯接近羊山一步。宋瑞珂哀叹道：“战不胜，守不固，非吾之罪也。”

刘邓大军开进大别山

到28日中午，羊山的所有制高点都已被突破，宋瑞珂知道大势已去，清楚这仗如果继续打下去，无疑会带来更多的伤亡，便下令放弃抵抗。

至此，羊山战役胜利结束，国民党整编六十六师两万多人被全歼，宋瑞珂也做了俘虏。然而，刘邓大军也付出了牺牲八千五百人的沉重代价，陈再道将军后来曾感慨万千地说："羊山集这一仗，是我们打得最苦的一仗！阵亡的战士最多！"当时，刘邓大军的很多指战员都对宋瑞珂憋了一肚子火，当宋瑞珂被从羊山押下来的时候，被二纵的一个干部发现，他抓住宋瑞珂的衣领喊叫："宋瑞珂，你就是宋瑞珂……"然后扬手给了他一耳光，接着准备掏枪将其击毙，幸亏被押送宋瑞珂的战士牢牢按住。宋瑞珂在晚年的回忆录中也说："……（羊山战役）由于我顽抗了半个月，使双方损失都很大，使羊山集人民遭受惨重的损失，延缓了刘邓大军向大别山进军的时日，对国家人民造成严重损失，今天回忆起来不能不更加认罪忏悔……"

战役结束的第二天，刘伯承伏在油灯下，在粗糙的黄色的纸上写着："我们勉作毛泽东式的军人，在政治责任与任务需要上，必须从战争中学习战争。"接着，刘伯承又赋诗一首："狼山战捷复羊山，炮火雷鸣烟雾间。千万居民齐拍手，欣看子弟夺城关。"

羊山战役的胜利，为刘邓大军千里跃进大别山扫清了障碍，甩掉了包袱。其辉煌战绩，受到了中共中央的通令嘉奖。1947年8月7日，刘邓大军经过十天的休整后，从鲁西南出发，开始了具有历史意义的千里跃进大别山的壮举，并于8月底胜利挺进到大别山区，中国的解放战争从此揭开了崭新的一页。

（本文选自国防部网）

鱼水情深

文/郑晓艳　吕　航

战争年代同陶勇一块儿战斗过的同志，都发自内心地佩服他密切联系群众的本领，说他不管走到哪里，都能很快获得驻地人民群众的信任，得到人民群众的拥护。对此，陶勇深情地讲道："我哪有什么本领？环境这样艰苦，老百姓凭什么跟我们走？我们是人民军队！你实实在在为群众办事，为人民打胜仗，群众就喜欢你，拥护你；在群众中作威作福，群众就讨厌你。关键是你要把自己当作普通群众，我们和老百姓本来就是一家子！"

关心群众疾苦，随和待人，不说空话，注重行动，正是陶勇善于做群众工作，能同群众打成一片的根本原因所在。每当部队住下之后，陶勇总是设法直接接近群众，同老乡聊天谈心，嘘寒问暖。干部、战士时常看到，陶勇走在路上，老乡们不分男女，都跟他这个率领千军万马的"大司令"或主动打招呼，或亲热地开玩笑，他身边还常有一群孩子前呼后拥地追着。每当这个时候，陶勇也嘻嘻哈哈地同老乡谈笑，高高兴兴地同孩子们耍闹。

遇到群众有困难的时候，陶勇更是倾全力相助。1946年春天，担任新四军华中野战军第八纵队司令员的陶勇，率领部队来到江苏盱眙地区整训。当时，这个地区因长期遭受日、伪、顽的劫掠，群众生活困苦不堪，绝大多数人家都断了炊烟，有些人被饥饿夺去了生命。面对这种情况，陶勇心急如焚，立即组织部队开展节粮、献金运动。他激动地给部队做动员说："人民群众的困难，就是我们的困难，我们是人民的子弟兵，决不能眼看着父老乡亲在我们的驻地挨饿！"随后，他带头将自己的全部津贴费和一些衣物献出，甚至把自己身上穿的军大衣都脱下来捐献了。这次部队开展的献粮、献金运动，大大缓解了驻地群众的饥荒，密切了驻地军民的关系。后来，部队要开走了，群众都依依不舍地挥泪夹道送行。在盱眙的街道两旁，群众还以一种特殊的方式，来表达对新四军的赞颂：家家户户门口都放着一张有一面镜子和一碗清水的桌子，以象征"共产党、新四军清如水，明似镜"。

（本文选自吉林人民出版社《永不褪色的红色故事》）

挥之不去的红色情感

文／沙兆华　蒙志军　刘　瑛　白婷婷

红军借据

红军长征过汝城，曾发生过濠头圩战斗、东岗岭战斗、青石寨战斗。当年的青石寨战斗就发生在汝城延寿瑶族乡官亭村。

1934 年 11 月 11 日，红军大部队刚通过延寿，国民党粤军两个独立师和两个独立旅分别从广东城口、江西大余出发，向延寿衔尾追击红军。而此时，红军后勤部队大批骡马、辎重却壅塞于延寿至岭秀、盈洞的山间小道上，行动迟缓。担任掩护任务的红五军团三十四师不得不拼死阻敌。粤军在增援的湘军及胡凤璋保安团的配合下，与红三十四师反复争夺延寿河边的制高点青石寨。敌人抢占青石寨后，用机枪向河边的红军疯狂扫射，大批红军战士倒下。

如今，青山郁郁，旧日的枪声已经远去，可“红军借据”的故事却在这里流传了下来。

1996 年暮春的一天，汝城延寿瑶族乡官亭村村民胡运海正准备在家中厨房里砌一个新灶。在拆除老灶的过程中，突然，墙上现出了一个洞，里面有一个用几层土纸包裹的东西。

胡运海忙不迭地取出，原来是一个锈迹斑斑的铁盒。打开铁盒，里面竟是一张发黄的毛边纸，边缘部分已被蛀虫噬掉。待他小心翼翼地将纸铺开时，几行工工整整的毛笔字跃然眼前：“今借到胡四德伯伯稻谷一百零五担；生猪三头，重量五百零三斤；鸡十二只，重四十二斤。”落款是“叶祖令”，时间为“1934 年冬”。

原来，这是一张借据。据查实，写借据的叶祖令系中国工农红军第三军团司务长，于 1934 年 12 月在贵州省石阡县作战时英勇牺牲，时年二十八岁。

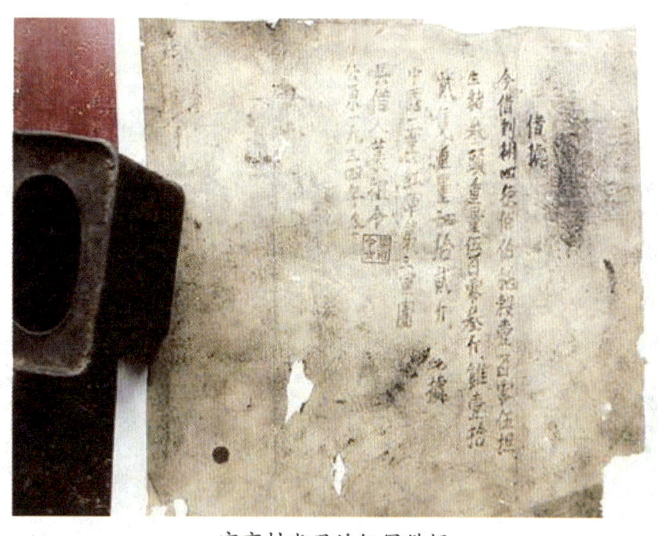

官亨村发现的红军借据

1934年11月的一天，中央红军先头部队到达延寿，在这里进行短暂的休整。

为了突破敌人设置的第二道封锁线，红军战士连续跋涉，已经有几天几夜没进食了。得知这一情况后，胡四德便召集来族人，一同商讨如何帮助红军筹集粮食。第二天下午，在胡四德带领下，从各家各户筹集来的一百零五担稻谷、三头生猪和十二只鸡，送到了司务长叶祖令处。

就在红军撤出延寿向西转移时，叶祖令找到了胡四德，激动地说：“伯伯，我们就要走了，请您受我一礼。”说完，恭恭敬敬地向胡四德行了一个军礼。他接着说：“伯伯，现在红军筹款非常困难，一时拿不出钱给您，报答您的大恩大德。

我们实在欠您太多了！”说着，他取出纸笔，铺开纸，对照那天所收粮食、生猪和鸡的数量，写了一张借据，在纸的左下方盖上自己的印章后，郑重地交给胡四德。他深情而又坚定地说：“伯伯，深信在不久的将来，全国就会解放，那时候，请您拿它去找政府兑换。虽然这张借据赶不上您对红军恩情的万分之一，但请您相信，红军会永远记住您的！”听到这些话，胡四德不禁眼圈一红，哽咽着连声说：“好、好、好！”红军走后，胡四德偷偷地将这张借据藏起来，不向外人透露半点风声，甚至连自己的儿子、孙子都没有告知……

随着时间的推移，当胡运海看到这张借据时，它已在墙洞里深藏了十二年之久！

1997年5月17日，一个阳光灿烂的日子，汝城县委、县政府、县人武部在官亨村举行了隆重的“中国工农红军第三军团长征途经汝城借据兑现仪式”，按原价折款，由汝城县政府向胡四德的唯一继承人胡运海归还一万五千元人民币。胡运海当即将其中的一万元捐献给村里的希望小学。

半条被子

1934年11月7日，中央军委纵队、其他各军团陆续抵达汝城文明乡，红军司令部、政治部、后勤部、卫生部、卫戍司令部等领导机关驻扎在文明乡的秀水、沙洲等地。红军在这里设立银行兑换处，开展了兑现“苏钞”、严打土豪劣绅等活动。红军部队在文明乡停留了七天七夜，得到了群众的热情帮助，红军部队得到了较好的休整。至今，在文明乡还流传着“半条被子”的感人故事。

这个故事的主人公是汝城文明乡沙

洲村的徐解秀老人。

一床签满了北京大学生名字的崭新棉被辗转被送到沙洲村徐解秀老人的手中

红军途经汝城的一天夜晚，寒风四起，大雪纷飞。一场战斗，使三个女红军和她们的部队失去了联系，她们在战斗中扔掉了部分行装，随身只带了一条被子。当得知三个红军女战士没找到住处后，徐解秀夫妇很热情地接待了她们。那时，徐解秀家里一贫如洗，连一条多余的被子也拿不出来，晚上，她就和三个女战士挤在一张床上，共用一条被子，丈夫只好睡在堂屋的地上。

三个女红军很和气，住在家里三天，和徐解秀吃饭同桌，睡觉同铺。她们还帮着徐解秀烧火煮饭，闲时，给徐解秀夫妇宣传革命道理。

三天后的一大清早，三个女红军急着上路，出门的时候，她们决定把这唯一的被子送给徐解秀夫妇，但夫妇俩说什么也不肯接受。三个女红军见说服不了徐解秀，就不由分说地把被子往床上一扔，抽身就往村外跑，徐解秀赶紧抱起被子，拼命地追了出去。她们在村口推来推去，争执不下。这时，一个女红军从背包中摸出一把剪刀，把一条被子剪成了两半。她们拉着徐解秀的手哽咽着说："大姐，这下你可别推了，你就收下这半条吧，等革命胜利了，我们还会回来的。到时候我们会送一条新的被子来感谢你。"

徐解秀颤抖着双手接过这半条被子，一句话也说不出来，泪水哗哗地流了下来……徐解秀嘱托丈夫再送红军姐妹一程。谁知丈夫这一去，就随着红军踏上了那条硝烟滚滚的道路。

从此，徐解秀满怀信心地等待着解放的那一天，等待着胜利的那一天。然而，革命胜利了，丈夫却没有音讯，三个姐妹也仍然没有音讯。

1991年春节前，徐解秀带着遗憾去世了，临终前还念念不忘三位女红军和丈夫。她不懂什么革命大道理，可她一直都这样评价红军和共产党员：红军是共产党的队伍；共产党员就是只要他有一条被子，也要分给老百姓半条的好人；共产党员就是宁可自己受苦受难，也不肯让老百姓受穷受冻的好人。

"红军书"

同样在沙洲村，村民朱松保讲述了一本珍贵的"红军书"的来历。

这是一本32开的手刻蓝印本小册子，封面上赫然写着"政治工作参考资料"几个大字，清楚记载着当年红军的政治工作、俱乐部军事工作和中国共产党中央委员会扩大会第四次全体会议决议案等内容。

朱松保是故事主人公——罗旺娣的

朱松保手捧着“红军书”

儿子。

1934 年初冬的一个上午，当时还是年轻姑娘的罗旺娣正在收拾家务，屋外突然传来了一阵狗吠声，紧接着一阵杂乱的脚步声越来越近。罗旺娣趴在门缝上朝外一看，只见一支穿得破破烂烂的队伍走进了院子。

联想到头两天发生在附近百丈岭的一场战斗（百丈岭阻击战），罗旺娣意识到，这应该就是久闻大名的红军了。“红军可是我们穷人的队伍！”想到这里，罗旺娣连忙打开了门。

罗旺娣猜得没错，这群衣衫褴褛的人正是刚刚突破了国民党第二道封锁线的红军战士。

在这支队伍中，一位年轻的红军女战士左腿受了伤，伤口已经化脓，正发着高烧，如果得不到有效的治疗，很可能连命都保不住。罗旺娣的父亲是远近闻名的郎中，罗旺娣小时候曾跟父亲学得一手治疗外伤的绝活。见这位女红军战士伤成这样，她没有多想，主动提出为她疗伤。

罗旺娣将女红军隐蔽在厨房后的一间杂屋里，每天都给女红军换药。三天后，女红军的伤势已得到控制。临走时，这位女红军为了感谢罗旺娣，将自己珍藏的一本小册子送给罗旺娣，说：“大姐，你是个好人，这本册子你留着做个纪念吧。”罗旺娣不好推辞，只好收下。她把这本册子包好，一直藏在厨房的烟囱上面。

1992 年 9 月，七十八岁的罗旺娣把“红军书”传给儿子朱松保，交代了世代珍藏“红军书”的由来。1997 年，朱松保又把册子传给了儿子朱君志保管。

一本普普通通的小册子，凝聚了祖孙三代接力般的轮流守望，凝聚了老百姓对共产党的无限信任和期待。

（本文选自《湖南日报》）

解放海南渡海有功

——儋州二十三名船工勇渡海峡迎大军

文／苏庆明　郭树护　唐卓昌

偷渡：夜施巧技瞒天过海

泊潮村位于儋州北部。从地图上看，其东临北部湾，北临琼州海峡，与临高新盈镇有一湾之隔，面积约三平方公里。

因为沿海，传统上，泊潮村的群众生产主要以捕鱼、运输业为主，因此盛产好水手和船工。

沿海之地，易得风气之先。1926 年、1927 年，儋州第一个农村党支部、第一个农民协会、中共儋县委员会先后在这里成立。历史，已经在这里播下革命的火种。

时间来到 1950 年。这时候，海南人民经过二十二年艰苦卓绝的斗争，已经进入新的历史转折关头，全面解放的曙光已现。

1950 年 1 月，为迎接解放军第四野战军渡海南下，琼崖区党委和琼崖纵队司令部决定派遣泊潮村的一批船工秘密偷渡琼州海峡，突破国民党的海上“伯陵防线”，北上广东引导解放军第四野战军登陆。

这批船工共有二十三人，由蒲蓁、林帝卷两名党员干部带领。

1 月的一个晚上，船工们开始行动。按照计划，他们渡过了一个港汊，来到临高新盈镇后咀村。此时，部队花三百光洋买到的一艘十多吨重的木帆船早已在此等候。

趁着夜色掩护，船工们出发了。为了防止被国民党部队抓获，他们仍然是渔民装扮，并且把渔网放入船中。不过，他们还携带了手榴弹，准备在万不得已时与敌人拼死一搏。

果不其然，刚出海不远，一团黑影突然出现在船工们的视野里。一艘国民党巡逻艇正由西向东航行！

船工们不由得惊慌起来了。若继续前进，一定躲不过敌人的眼睛；回岸，照样会落入敌人手中；停泊在海上，天亮也会被发现。

在这生死攸关的时刻，富有经验的老船工黄允梅、黄当养建议说："我们略向岸边走，但不是登岸，而是绕到巡逻艇后面，再驶出大海。"

抱着死里求生的念头，船工们使尽全身气力，轮番摇橹划桨。大约过了一个小时，终于驶到巡逻艇后面。这一险关终于闯过了。

天渐渐发亮。在风寒露冷的冬夜里摇了一晚后，船工们刚想享受太阳送来的光芒，新的情况又出现了：东北面的天空出现了一个黑点，嗡嗡的声响，由远而近，那是敌人的飞机！

船工们赶紧落下帆篷，把网撒到海里，大部分人躲到船舱，仅留一两个人在外面。

敌机在上空盘旋了一会儿，没有发现什么可疑迹象，飞走了。

不过，当船工们回到甲板准备升帆时，敌机竟又掉头回来。

幸运的是，船工们故技重施。敌机仍没有发现可疑之处，直接飞往海南去了。

第一次登陆：十四艘船全被炸毁

经过一夜一天的航行，在太阳快要下山时，木船终于在徐闻县一个小港湾靠岸。解放军战士知道船工们是冒着生命危险偷渡来的，给予了他们热情的拥抱。第二天，船工们到达一一八师师部，偷渡的任务终于胜利完成。

接下来，船工们被分派到各个连队，接受射击、投弹等军事训练。同时，他们也负责教官兵们游泳技术。船工们与战士们打成一片，为接下来的登陆任务做准备。

1950 年 3 月，战斗的时刻终于到来了。按照计划，船工们将分批引领解放军先头部队登陆海南，为之后的大规模渡海战役做好准备。

3 月 5 日晚 7 时，在林昌荣、黄当养、黄神荣、黄神养等船工的引领下，野战军第四十军一个加强营七百九十九名指战员分乘十四艘木帆船，由雷州半岛灯楼角启航，目标直奔儋州白马井超头村海滩，计划在第二天清晨登陆。

然而，事情的进程并不顺利。由于风向和水流的原因，船的航向与预定的航线有所偏离。到达洋浦时，又被敌军发现，只好边打边登陆。

这次登陆战极其悲壮。

1950 年，解放海南岛我军某部在出发的船上向人民宣誓："进军海南岛，解放全中国！"

参与解放海南战役的老船工林昌荣（左）和周振朝

解放海南岛战役前，战士们进行摇橹训练

当登陆部队到达白马井附近的海面时，天色已亮，敌机在天上轰炸，岸边的碉堡朝他们疯狂扫射。部分船只被打翻，也有不少战士当场牺牲。

这次渡海，有五名船工负责开船。其中一人被子弹打中，接着船也沉了，他想游上岸，结果还是被抓，然后被枪毙了。

尽管困难重重，船工们仍然英勇地引领解放军战士拼命地往岸上冲，最终以五十余人伤亡的代价登陆成功。这也是解放海南战役的首次登陆。

两次登陆临高：船工英勇不屈

据蒲蓁的回忆文章《冒险北渡》，两个加强营登陆成功后，解放军把下一次的登陆地点选为临高角（实际登陆地点为澄迈玉包港），登陆时间定为3月27日。这次登陆的规模为船只八十一艘，人员二千九百多人。

包括周振朝、黄华利、林扬熙、黄德兴、黄华杜等七名船工参与了此次登陆。这次登陆比第一次要更加艰难。当时周振朝所在的团有九艘船。接近海岸时，天还没亮，雾很浓，视野内只能看到三艘船。

解放军很快就被国民党军队发现，随即受到了岸上炮弹和飞机的猛烈轰炸。尽管如此，大部队还是顺利登陆。但周振朝所在的团伤亡严重，无法继续前进。无奈之下，只好紧急联络广东大后方，请求撤退。

周振朝开的那艘船共带了九十多人，回到广东时只有七人活着。

一时的败退丝毫没有影响幸存船工们解放海南的雄心和意志。时隔仅数天，4月16日，周振朝和其他两位船工又参加了解放海南的临高角登陆战。

4月16日，夜幕降临后，部队千帆齐发，天亮便到达临高角。尽管遭遇敌军的顽强抵抗，声势浩大的解放军还是很快便以摧枯拉朽之势横扫敌军，强行登陆成功！

这次战斗中周振朝的左腿小腿被子弹打中，但他依然笑着回忆："这回我是被分配到一艘炮舰上的。大炮是我们自己动手搬上去的，炮筒有大腿粗。轰隆一声，一颗炮弹就把敌人的船给打得稀烂！"

不过有的船工就没有他这样"幸运"。蒲蓁的文章说，林扬熙在登陆玉包港时被国民党军队俘获，后被押送到临高县城，多次施用毒刑，逼其供出村庄和姓名。为了保守党的秘密，林扬熙坚决不吐露真实情况。无计可施的敌人最后将其杀害。

二十三人全部荣获"渡海有功人员"称号

这二十三名船工中，有党员十二人，群众十一人。其中既有父子（黄当养与黄神荣），也有兄弟（黄华杜与黄华生）；既有六十开外的老人（黄允梅、黄当养），也有十五六岁的小伙（刘华景、黄神荣、黄金茂）。

据《儋州文史》记载，战斗中，张神农、刘华景、黄华户和周振朝等四人各荣立一等功，黄当养荣立二等功，刘华景还荣立小功一次。中华人民共和国成立后，二十三人全部被（追）授予"渡海有功人员"称号。

（本文选自《海南日报》）